领导力科学

提升工作绩效，打造理想团队

[德] 弗里德里克·法布里修斯（Friederike Fabritius）
汉斯·W. 哈格曼（Hans W. Hagemann）◎著
魏淑遐◎译

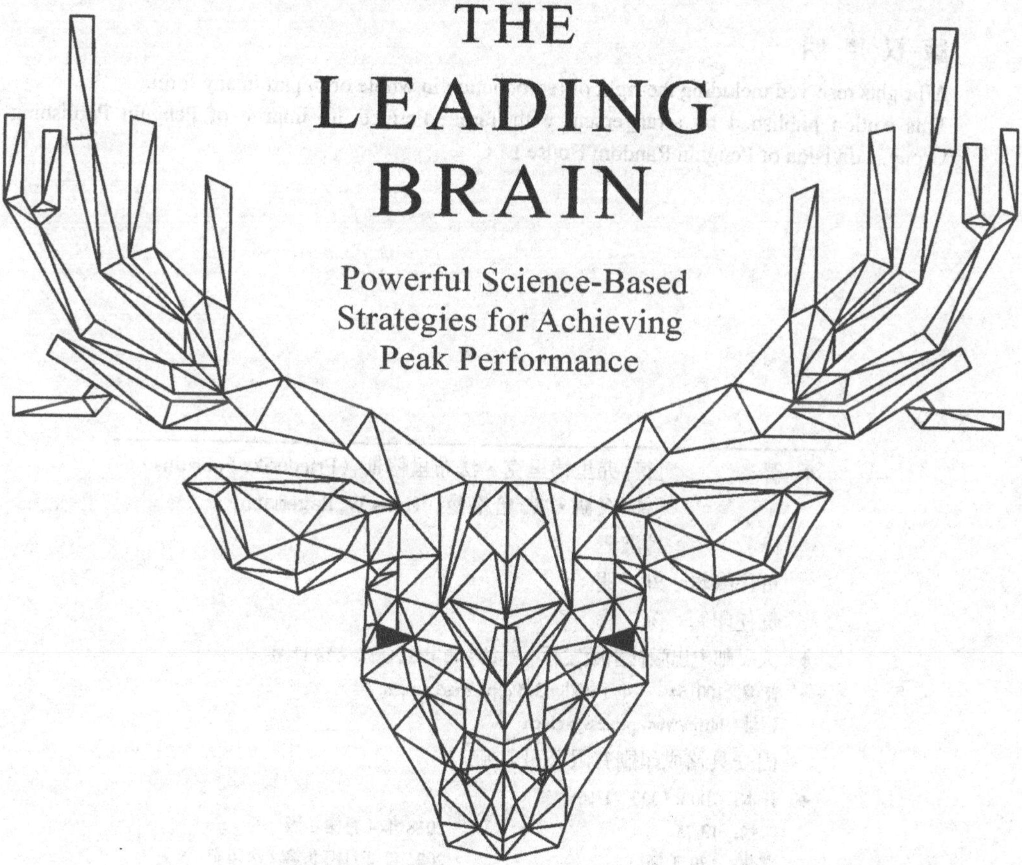

THE LEADING BRAIN

Powerful Science-Based Strategies for Achieving Peak Performance

人 民 邮 电 出 版 社
北 京

图书在版编目（C I P）数据

领导力科学 ： 提升工作绩效，打造理想团队 / （德）弗里德里克·法布里修斯 (Friederike Fabritius) ，（德）汉斯·W. 哈格曼 (Hans W. Hagemann) 著 ; 魏淑遐 译. -- 北京 : 人民邮电出版社, 2018.4
ISBN 978-7-115-47245-8

Ⅰ. ①领… Ⅱ. ①弗… ②汉… ③魏… Ⅲ. ①企业管理 Ⅳ. ①F272

中国版本图书馆CIP数据核字(2018)第016039号

◆ 著　[德]弗里德里克·法布里修斯（Friederike Fabritius）
[德]汉斯·W. 哈格曼（Hans W. Hagemann）
译　魏淑遐
责任编辑　刘　朋
责任印制　陈　犇
◆ 人民邮电出版社出版发行　北京市丰台区成寿寺路 11 号
邮编　100164　电子邮件　315@ptpress.com.cn
网址　http://www.ptpress.com.cn
固安县铭成印刷有限公司印刷
◆ 开本：700 × 1000　1/16
印张：13.75　2018 年 4 月第 1 版
字数：189 千字　2025 年 2 月河北第 2 次印刷
著作权合同登记号　图字：01-2017-4166 号

定价：55.00 元

读者服务热线：(010)81055410　印装质量热线：(010)81055316
反盗版热线：(010)81055315

内容提要

长久以来，人们一直将领导作为一门艺术，然而在人才培养和团队建设方面常常面对无法突破的困境，苦于难以找到行之有效的方法，事倍而功半。越来越多的现代科学研究表明，人们的行为、反应以及互动的方式都是不同认知过程的产物，真正有效的领导是一门基于对大脑深刻认知的科学。

在本书中，国际著名管理咨询公司慕尼黑领导力集团的两位领导力专家和高管培训师将神经科学与企业管理相结合，提供了一套实用的新思想、新方法和新工具。本书内容包括调节情绪、增强专注、管理习惯、释放无意识、培养学习能力、量才而用、培养信任以及建设理想团队等。这些方法都经过了长期实践的检验，在40多个国家的《财富》500强企业中得到了行之有效的应用，相信能为你在企业管理和创新方面提供强大的智力支持。

关于本书的评价

“本书将神经科学和领导力两个领域完美地融合在一起，能够真正改变我们的认知。”

——乔纳森·斯库勒博士，神经科学家、加州大学圣塔芭芭拉分校教授

“这本书令人叹为观止，介绍了前沿科学知识，叙述风格引人入胜。这是我读得最快的一本管理学书籍。”

——彼得·格伯，德国汉莎航空公司 CEO

“真正的领导力始于大脑，也终于大脑。历经数个世纪，科学改变了世界，这本书预示着科学现在终于开始改变人类的领导力了，真乃福音。”

——勒沃·库森，拜耳公司管理委员会成员、拜耳作物科学公司 CEO

“这本书真是既有趣又有益。弗里德里克和汉斯将现代神经科学领域最重要的研究成果引入管理领域，介绍了许多既能提高工作效率又能改善人际关系的全新技能。本书内容新颖丰富、发人深省，语言诙谐幽默，读后让人齿颊留香。您也会有同感！”

——海伦·费希尔博士，金赛研究所高级研究员、畅销书《爱情解剖学》作者

“本书读起来畅快淋漓，获益匪浅。书中所述与我对学生的教诲不谋而合：无论做什么事情，要想获得成功，必须先掌握自己的心理机制。”

——肯·辛尔，加州大学伯克利分校周氏创业与技术中心常务董事

“汉斯和弗里德里克借助巧妙的类比和有趣的故事，用深入浅出的语言揭开了大脑科学的神秘面纱，语言简洁易懂，但毫无肤浅媚俗之嫌。”

——杰里米·克拉克，施乐公司帕洛阿图研究中心创新服务部总监

“这本书妙趣横生，启人心智……对我来说，确实是一部引人入胜的作品。”

——马库斯·克鲁格，思爱普公司内部创业部总监

“这本书真是不错，不但文笔流畅、条理清楚、实例丰富，而且不像很多商业书籍那么枯燥乏味、难以卒读。一路读来，浑然忘我，真有书中描述的那种“心流”之感。

——马蒂亚·斯霍恩泽，德国《经济周刊》硅谷编辑部总编辑

“这是一本难得的好书，内容有益，例子精彩，不容错过。”

——克劳斯·坡格曼，德国艾坡银行法律部主任

“这本书探讨了我们的思想和动机神奇的运作过程，既振奋人心，又求真务实。企业管理者读了这本书之后，一定可以掌握大量能在职场中轻松运用的思想和方法。这本书可能会让你的领导风格从此大为不同。”

——马尔特·西维特，全球酒店搜索网站优栈网联合创始人兼常务董事

致我的丈夫约亨与我们的孩子贝妮塔、沃尔夫和海因里希。你们让我的生活充满了爱和欢乐。

——弗里德里克

致我的妻子海因克与我们的孩子奥斯卡、安东和汤姆。此生有你们相伴，深感幸福。

——汉斯

目 录

引言 领导力之科学 **1**

第1部分 达到你的最佳工作绩效 **5**

第1章 找到你的理想点 6
第2章 调节你的情绪 26
第3章 增强你的专注力 55

第2部分 改变你的大脑 **85**

第4章 管理习惯 86
第5章 释放你的无意识 103
第6章 培养学习能力 125

第3部分 打造理想团队 **147**

第7章 量才而用 148
第8章 培养信任 164
第9章 建立梦之队 177

结语 谨记用脑之道 **204**

致 谢 **205**

作者简介 **210**

引言 领导力之科学

长久以来，人们一直将领导视为一门艺术，一门注重时尚而非事实的模糊哲学。正因为如此，标榜“颠覆前贤”的管理学书籍层出不穷，如同巴黎的时尚一般你方唱罢我登场。今天炙手可热的“领导力大师”，往往明天便如过眼云烟，为人所淡忘。

然而，有效的领导不是一门艺术，而是一门科学。这门科学不能拘囿于把玩时髦术语或口号，而要以我们对大脑的了解为坚实基础。我们的行为、反应与互动的方式都是不同认知过程的产物。无论是个体还是群体，我们对什么事物兴趣盎然，对什么事物厌烦排斥，面对威胁和奖赏又做何反应，这些都是藏在我们额头背后、双耳上方的精巧而又神奇的神经网络的作用使然。

时至最近，大脑就像一个黑匣子，里面究竟发生了什么，大多还不为人知。不过，得益于功能性磁共振成像技术等神经科学领域的重大成就，我们对大脑的行为不再只是推测，而是可以真真切切地观察到活跃中的大脑行为。我们从严谨的科学研究中获取的知识有可能彻底改变我们领导与成功的方式。

突然之间，神经科学领域的研究发现铺天盖地而来，充斥着人们的耳膜。原本多年来只有实验室科研人员掌握并交流的知识终于写进了畅销书，进入公众的视野。如今，似乎人人都心存好奇，想了解一下我们的大脑是如何运作的，想知道大脑运作知识对于改善家庭生活和职业生涯有何裨益。

说来真是此一时，彼一时。就在几年前，我们其中一人还在一家大型传统管理咨询公司就职，当时这家公司里没有一个人对神经科学有一丝一毫的兴趣。当然，神经科学家对商业领域也同样漠不关心。我们曾经请几位顶尖的大脑研究人员思考一下他们的科研成果是否可以应用于商业，而这些人多数要么不愿意，要么根本没办法找到两者的契合点。

正因为神经科学与商业一直处于这种各自为政、互不相干的状态，所以当我们率先将振奋人心的神经科学研究成果纳入商务研讨会和培训班时，同我们一样努力在这两个领域之间牵线搭桥的咨询顾问还寥寥无几。在这些商务研讨会和培训班上，我们向来自世界各地的公司高管介绍了基于大脑科学原理的商业策略，他们听完之后几乎无一例外地给予了我们热烈的反响。

他们的反应出人意料，也益处良多。毕竟，公司高管皆非等闲之辈，他们对培训和领导力的发展常常心存疑窦，因为他们觉得这些领域都太“水”了，缺乏坚实的科学依据。而我们符合科学原理的商业策略切切实实填补了这个空白。自从我们将前沿研究的成果应用于商业并顺理成章地建立起神经科学与商业之间的自然纽带之后，我们看到许多个人和组织都发生了积极的转变。目睹他们的变化，我们的心里惊诧不已，也无比欣慰。参加过我们研讨会的客户纷纷表示这些研讨会“非常实用”，甚至让他们有“脱胎换骨”之感。

研讨会结束时，总有人问我们能否推荐一本将我们在讲座中探讨的神经科学知识与商业相结合的图书。当时我们没有这样的书可以推荐，不过现在有了，这本便是。

这本书共分为 9 章，开篇首先探讨如何利用大脑科学不断实现个人的最佳工作绩效，随后则教你如何运用这些科学原理来创建高绩效团队，通篇前呼后应、一气呵成。

第 1 部分“达到你的最佳工作绩效”不但说明了如何实现最佳绩效，

还阐述了如何保持最佳绩效。第 1 章“找到你的理想点”分析了产生最佳绩效的神经化学物质组合，并解释了为什么这些物质在不同人体内的含量通常也各不相同。第 2 章“调节你的情绪”探讨了因利用方式不同而可能提高绩效或降低绩效的情绪因素。第 3 章“增强你的专注”针对在信息泛滥的世界里如何有效地维持注意力这个日益尖锐的问题提出了一个符合大脑科学原理的解决办法。

第 2 部分“改变你的大脑”揭穿了我们的思维过程基本上处于锁定状态且稳定不变的谣言。第 4 章“管理习惯”告诉你如何驾驭习惯。了解习惯的神经科学原理之后，你便可以主动培养良好的习惯，摒弃不良的习惯。第 5 章“释放你的无意识”教你如何挖掘一个平时没有意识到的大脑部位的惊人能量和功效，从而对大脑的了解更深入一层。本章内容会让你耳目一新，并对其中介绍的做法跃跃欲试。第 6 章“培养学习能力”介绍了“神经可塑性”这一概念，告诉你如何在自己的不同人生阶段对大脑进行回路重塑，提高各方面的能力。

第 3 部分“打造理想团队”将前几章所述的大脑科学原理加以整合，扩展运用于团队建设。第 7 章“量才而用”重新界定了“多样性”的概念，列举了造成人与人之间各不相同的大脑化学物质，并介绍了创建理想团队的方法。第 8 章“培养信任”重点探讨培养信任这个对于组建优秀团队而言至关重要却一直未能得到充分重视的问题，并概述了可以使一个团队人心凝聚或涣散的关键因素。最后，在第 9 章“建立梦之队”中，我们将告诉你如何创建一支强大而出色的团队。我们探讨了发现与培训顶尖人才的科学原理，描述了能够让团队成员斗志昂扬、卓有成效且各得其所的各种因素。

在从事大脑研究和撰写本书的时间里，在对世界各地各大公司的高管进行培训的漫长过程中，我们最初的信念愈来愈坚定：大脑科学可以对商业运作方式产生显著的影响。我们坚信神经科学研究成果将改变企业的领导、沟通和互动的方式。书里所述的思想不仅是科学研究的成果，而且已经成功应用于各式各样的商业环境，帮助商界人士提高了对工作的满意度和绩效。我们可以看到一个新的领导力时代已经初见端倪，这个时代将从根本上改变人与人之间的交往方式，并使企业的沟通交流上升至一个令人振奋的新水平。

弗里德里克·法布里修斯与汉斯·W.哈格曼

2017年2月写于慕尼黑

第1部分

达到你的最佳工作绩效

第1章　找到你的理想点
第2章　调节你的情绪
第3章　增强你的专注力

第 1 章

找到你的理想点

如何在你需要的时候分泌出合适的神经化学物质，从而实现最佳绩效？

5 月 15 日破晓前，勒罗伊·戈尔登·库勃二世穿着一套崭新的衣服，手里拎着一个尺寸如大型公文包大小的金属箱子，乘电梯上了十楼。他一下电梯，几位身穿白色外套在此恭候多时的工作人员立即将他捆在了一个软垫椅子上。他四周的空间非常狭小，逼仄如普通商务航班上的洗手间。不过库勃（朋友们都称呼他为“戈多”）现在并不是坐在飞机航班的洗手间里，而是身处一个密闭的锥形铝制太空舱内。这个太空舱尾部装载了 9 万千克极其易燃的液氧，即将踏上一趟全程达 88 万千米的航天旅程。

这一年是 1963 年，宇航员库勃将成为第 6 位前往外太空探险的美国人。太空探险可不像开车兜风那么轻松，前几次航天任务都遇到了问题，非常严重的问题。一年多以前，库勃的同事约翰·格伦在飞行时发现航天器的隔热板没有锁定，返程时差点在地球的大气层中被烧成灰烬。尽管宇航员都是久经考验、意志坚定的飞行员，可库勃面临的航天任务十分凶险，即便是心理素质无比过硬的战斗机飞行员也难免不寒而栗。

航天任务的倒计时出现了好几次暂停，令人心急如焚，连控制室里经验丰富的技术人员都觉得煎熬难耐。当库勃的航天器又一次出现起飞推迟时，现场的医生密切观察着他的生物医学遥测系统。遥测系统显示的数据令他们惊诧不已、难以置信。宇航员库勒在这当头居然睡着了，简直令人匪夷所思！

在库勒飞往太空探险的100多年前的一天，在法国里尔的一个简陋的实验室外面，一个身穿夹克和深色背心、胡子拉碴的男人依然独自在走廊上来回踱着步，若有所思。此时天已经不早了，当天的工作在几个小时以前就已经正式结束。他的腿脚明显有些不便，踱步时一脚深一脚浅，一只手时不时拨弄一下口袋里的钥匙，仿佛在为他的思绪配上丁零当啷的节奏。

这个人是路易斯·巴斯德，他对科学研究矢志不渝的执着追求彻底改变了医学界和工业界的面貌。他的治学极其严谨，凡事一丝不苟，从来不存侥幸心理。对巴斯德来说，他必须锲而不舍、全神贯注才能达到脑力巅峰的理想点。他生性喜欢深思熟虑、反复揣摩，所以巴斯德对自己的成功之道了然于胸："我的长处就在于坚持不懈、百折不挠。"

追求最佳绩效

显然，不蓄胡子、自信满满的戈多·库勒的个性与胡子拉碴、行思坐想的路易斯·巴斯德截然不同，不可混为一谈。两人的工作也迥然有别，无法互相对调。然而，这两个人都很擅长在工作时达到我们称为"最佳绩效"的出色水平。巴斯德达到了最佳工作绩效，于是在科学和医学领域都有了开创性的发现。库勒睡着的时候并没有达到最佳绩效。事实上，他在行将踏上危险旅程的时候居然能够睡着，说明人类实现最佳绩效的条件存在很大的差异。库勒的性情像短跑选手，而巴斯德的心态则像长跑选手。虽然库勒在"阿特拉斯9号"火箭离开发射台之前坐在自己称为"信心7号"的狭小的太空舱里平静地睡着了，不过他很快就要面临巨大的挑战，迎来他实现最佳绩效的关键时刻了。

但凡挥过网球拍、棒球棒或高尔夫球杆的人都知道打球时有个理想点，就是能让球以最理想的方式弹出的击球点。我们每个人都想找到自己的绩效理想点，即我们工作最有成果、最有时效的境界，而且我们多数人在自己达到这个境界的时候心里都十分清楚。但是，我们怎样才能达到这个境界呢？需要有什么条件？如果我们不了解大脑科学知识，也没有能力将这类知识运用于实践，那么我们就平白浪费了实现最佳工作绩效的机会，也无法发挥出取得出色成绩的潜力。不过别急，提高工作和生活中的用脑能力所需的技能是可以学习、培训和提高的。

1908 年，心理学家罗伯特·耶克斯和约翰·迪林汉·多德森发现，对小鼠施以轻微的电击可以增强小鼠走出迷宫的能力。但是，如果不断加强电击的力度，超过某个点的时候，小鼠走出迷宫的能力就会迅速降低。这时小鼠不再如原来一般专注、警觉，而是越来越恐慌，并试图逃离迷宫。耶克斯和多德森将电击称为“刺激”，我们通常称之为“压力”。

这两位心理学家用一幅极其简单的曲线图阐明了刺激和绩效之间的关系,这幅曲线图后来被称为倒 U 形曲线(见图 1)。最佳绩效位于曲线的顶部，

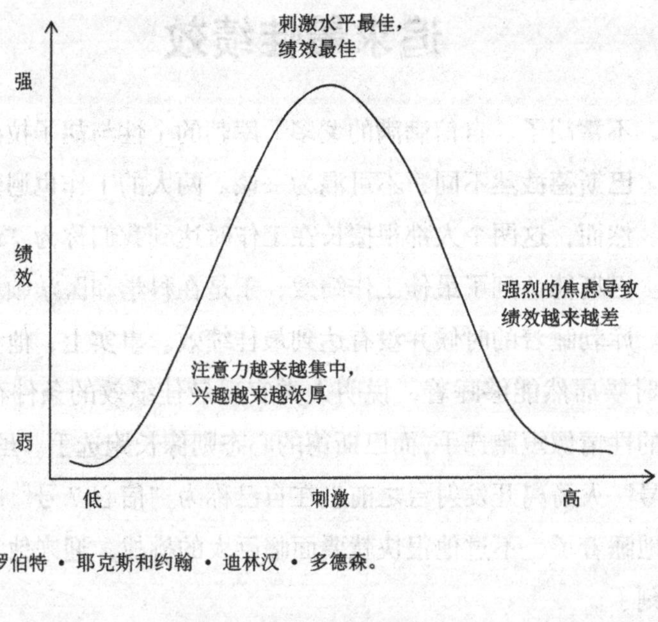

出处：罗伯特 · 耶克斯和约翰 · 迪林汉 · 多德森。

图 1　最佳绩效曲线

即刺激水平使注意力最为集中的点。如果刺激水平不足，我们就会觉得无聊或乏味；如果刺激水平过高，我们原本专注的状态就会变成紧张或更甚之的恐慌状态。我们追求最佳绩效有点像童话故事里的“金发姑娘”品尝“三只小熊的米粥”，讲究的是恰到好处。我们的目标是找到一个“米粥”既不会太凉也不会太烫而是口感适中的水平。

虽然通过这条曲线可以直观地理解最佳绩效的状态，但真正实现最佳绩效显然并没有这么简单。为了更好地了解找到理想点和达到理想点究竟需要什么条件，我们必须知道一个人的大脑在绩效最佳和最差的状态下是如何运作的。

“刺激”的结构

你大脑里的回路其实根本不是真正的线路，而是在细胞之间跳动的一系列信号。这些小小的细胞信使相互配合，掌管着你所经历的每一个行为、反应和情绪，包括耶克斯和多德森称为“刺激”的情况。

神经递质

你的大脑中存在着大约 1 万亿个神经细胞，每个神经细胞的大小大约只有百分之一毫米。从外形上看，每个称为神经元的神经细胞有点像飞溅在厨房台面上的水滴。细胞中间有一个小圆点，小圆点上有从中心向外伸出的神经元物质，就像一根根细小的触须。不同的神经元的形状和功能可能略微不同，但每个神经元基本上都呈厨房台面飞溅的水滴的模样。虽然这 1 万亿个神经元在你的大脑里挤挤挨挨地靠在一起，但它们的触须之间并没有实质性的连接，而是保持着称为突触的微小间隙，并借助在这些间隙中穿梭的神经递质传递信号。神经元像微小的手机一样，可以发送和接收信号。

神经元上的信号发送器称为轴突，每个神经元只有一个轴突。不过轴突有许许多多的树突，树突虽然听起来名称古怪，但其实是神经元的信号接收器。神经元之间没有实质性连接其实是个优势，这使得它们具备了一种非凡的能力，无需借助外力就能自主形成称为神经元通路的全新回路。所谓通路就和你不想绕远路走人行道而改道穿越邻居的草坪所抄的近路一样，这条近路走得越勤就越清晰可见。神经元通路也是如此，只不过不用伤及无辜的草坪罢了。

神经的这一特征不仅影响着我们的工作绩效，也左右着我们的学习方式，决定了习惯（无论好坏）如何最终变成我们不假思索的行为。随着时间的推移，神经通路变得非常清晰，神经递质几乎可以闭着眼睛上路也不会出错。这也是认知科学家之间流传的一句顺口溜“神经元一起激活，便一起结伙”的蕴含之意。不过，就像一条道路会慢慢湮没一样，神经通路也并非永恒不变。如果你一直使用这条通路，它就跟平整的公路一样畅通无阻。反之，如果你不再使用这条通路了，它就会变得越来越模糊。想一想为什么你可以轻松地想起自己的电话号码却丝毫不记得高中时学过的法语了？原因就在于此。

尽管人类已经发现了100多种神经递质，但对于最佳绩效而言，只有3种神经递质是真正重要的：多巴胺、去甲肾上腺素和乙酰胆碱。我们称之为“最佳绩效三要素”。

多巴胺

曾经有一位记者感叹，多巴胺已经成了“神经递质中的金·卡戴珊”，因为这种物质总是伴随着各种关于快感、沉迷、奖赏的奇闻异事，给科学知识平添了几分妙趣。多巴胺让人们津津乐道、浮想联翩，可能是因为它总是与兴奋、新奇和冒险这些事物如影随形。

多巴胺关乎你更新记忆中的信息的能力，也影响着你专注于手头事务的能力。这种物质会给人一种像毒品一样的奖赏，让人欲罢不能，渴求更多。同样，这种奖赏感和许多毒品带来的快感一样，会逐渐消失，而下一次想获得相同的效果往往需要更多这种物质。多巴胺因此被称为“追求新鲜感”的神经递质。如果产生多巴胺的刺激是全新的，多巴胺的效果就最强。譬如，你刚刚开始做一个新项目时会觉得热血沸腾、兴致勃勃，但项目做了一段时间之后，兴奋感往往就没有那么强烈了。这便是多巴胺的作用使然。

多巴胺在人体内部起着许多作用，包括辅助运动控制等。不过，如果只论大脑和最佳绩效，多巴胺则是能够产生趣味的物质。要真正达到最佳工作绩效，你应该觉得工作起来有乐趣，也有成就感。如果没有这样的感觉，你或许依旧可以表现得比平常更好，但可能还没有达到最佳绩效。

体内的这股冲劲是什么？是去甲肾上腺素

几乎每个人都对去甲肾上腺素（也称为降肾上腺素）很熟悉，或至少自认为自己熟悉。我们体验蹦极的时候，或者邻居的“乖”狗突然猛冲过来吓了我们一跳的时候，我们体内就会涌起一股这样的冲劲。去甲肾上腺素的主要作用是保全你的性命，这是人类进化出来的一种功能，有助于人类快速应对任何真实存在或臆想出来的威胁。这种物质可以调节你的注意力和警觉性，让你提防威胁。研究表明，当我们清醒、警觉、专心地用肉眼排查错误时，去甲肾上腺素水平越高，发现错误的准确率就越高。

当你觉得手头上的任务难度有点过大时，去甲肾上腺素就处于最佳水平，这样的水平刚好让你产生一种“这件事情有点难办，但我觉得自己可以办好”的感觉。当你鼓励自己把一件困难的事情做得更好更快或使用更少的资源时，也会释放去甲肾上腺素。

从聚光到激光：乙酰胆碱

乙酰胆碱是构成“最佳绩效三要素”的 3 种神经化学物质中的第三种。这种物质在某个我们意想不到的特殊人群中含量很高。事实上，这个非常特殊的人群会让你对最佳绩效的认识更深入一层。环顾四周，这样的人似乎随处可见。猜猜看，他们是专心致志从事研究工作的化学家吗？是世界级的职业运动员吗？是不畏风险的企业家吗？是国际象棋大师吗？是业绩出色的销售代表吗？是政客吗？猜得都不对，差得远着呢。实际上你家里可能就有这么一个人。不对，不是你的婆婆，也不是你那个 20 来岁还板着个脸把家当作免费旅馆白吃白喝的孩子。这个人是婴儿。没错，是小宝宝！

你只要和小宝宝稍微待上一小会儿，可能就会发现他们是这个星球上最警觉、最敏锐的小人儿。虽然他们一会儿拉屎一会儿撒尿没个消停，令人不胜其烦，但是他们同时也在不断吸收有关景象、声音、味道和气味的知识，如同一台高功率涡轮增压真空吸尘器一样，只不过这台吸尘器穿着纸尿裤，吸收的是知识而已。你偶尔想追求最佳绩效的时候才会启用的心理机制，一个小宝宝在人生的头几年就在几乎不停地运用着，而造就这种非凡能力的化学物质就是乙酰胆碱。

乙酰胆碱来自大脑中一个称为“基底核”的部位。小宝宝可以毫不费力地释放出乙酰胆碱。神经科学家将这个时期称为“神经可塑性的关键时期”，这个时期全新的大脑非常容易接受新的信息，并且在不断建立神经元通路。神经科学家迈克尔·梅尔尼尼奇解释说，在关键的可塑性过程中，“学习机制一直保持运转”。成年的我们就没这么幸运了。这种无比专注的自动学习机制在我们还相当年轻的时候就停止运行了，自此以后必须刻意努力才能重新启动。

那么，我们成年人怎样才能打开释放乙酰胆碱的开关呢？一旦神经可塑性关键时期宣告结束，我们只有借助以下几种方法才可以释放出乙酰胆碱：当我们有意识地努力集中注意力时，当我们从事体育运动时，或当我们接触到重要、意外或新奇的事物时，换言之，当我们的大脑释放多巴胺的时候，释放乙酰胆碱的开关也随之打开了。

如果要换一种角度看待“最佳绩效三要素”，你不妨将最佳绩效看作一幅获奖摄影作品。去甲肾上腺素会促使你将相机对准正确的方向，多巴胺帮助你缩小镜头直至取到满意的景象，而乙酰胆碱则让你确定摄影的焦点并拍下完美的照片。这 3 个要素中若只有一个或两个对了，你拍下来的只不过是一张快照，而一旦加上了第三个要素，拍下来的照片就陡然变成一幅艺术作品了。

没有放之四海而皆准的方法

用一条简单的倒U形曲线来描绘绩效的起落时，绩效的工作原理确实变得简明易懂、一目了然。不过，你大概已经发现这幅曲线图没有标注任何单位。那么，你要怎么来衡量刺激水平呢？以英寸计算？以尔格计算？以史高维尔单位[1]计算？换句话说，达到最佳绩效到底需要多高的刺激水平？简而答之，谁也说不准。繁而答之，刺激水平可能会随不同的人、不同的任务或不同的情况而截然不同。最佳刺激水平并没有一个通用的标准。就这一点而言，刺激与辛辣食物有很多共同之处。

最佳刺激水平并没有一个人人通用的标准。

我的菜要辣，但不要像她的那么辣

想象一下，你现在是加利福尼亚州的一家泰国餐厅的服务员。一对穿戴考究的夫妇踱步进来，走到一个抬头可见泰国国王和王后的镶框照片的位子落了座。你走过去等他们点菜，那位妻子点了“超辣泰式罗勒炒猪肉”，丈夫也点了同一道菜，不过炒的是鸡肉，然后明显顿了顿，加了句“不过不要像她的那么辣”。这时候你要怎么跟厨师交代呢？你心想，如果厨师按照他老家曼谷郊外小村庄的标准来做这道“超辣”的菜，这两位顾客估计会被辣得要你不断给他们的杯子加水。谁知道呢？说不定他们会被辣得把这家泰国餐厅告上法庭。

泰国餐厅对辣度的定义有点像耶克斯－多德森曲线图里对刺激的定义。刺激究竟是由什么构成的，每个人的标准可能千差万别。有些人像戈多·库

[1]　史高维尔单位用于测量辣椒的辣度。一只火辣的墨西哥辣椒的辣度范围为3 500～10 000史高维尔单位，而一只呛辣的哈瓦那红辣椒的辣度可以达到墨西哥辣椒的10～100倍不等，辣度范围为100 000～350 000史高维尔单位。

勃一样达到最佳绩效所需的刺激水平很高，有些人则像路易斯·巴斯德一样达到最佳绩效所需的刺激水平很低，还有一些人则处于两者之间。好在我们有一种“辣度测试”，可以让我们研讨会的参会者用来衡量每个人的最佳刺激水平。

突如其来的任务

假设你现在正处于这样的境况：你和同事正在参加我们组织的一场最佳绩效研讨会。从研讨会开始到现在，你一直都心情愉快，觉得研讨会精彩新奇，能够增长见识。不过，我们接下来把你们分成了不同的小组，然后宣布了一条消息：你们公司的老总要突然莅临研讨会，等他晚上到会的时候，你们每个小组都要做一个汇报，现在只有一个多小时的时间给你们准备。

你这时的心情应该大不一样了吧？结果是这样子的：我们宣布了这条消息之后，有些小组被这突如其来的任务吓坏了，有些小组则兴致勃勃、摩拳擦掌，仿佛对晚上的汇报充满了期待。

这两种反应其实都在我们的预料之中。因为在研讨会参会者毫不知情的情况下，我们根据他们在“状态－特质焦虑问卷”（这份问卷可以评估最佳绩效需要的刺激水平）上的分数把他们分成了不同的小组。我们把“达到最佳绩效所需刺激水平很高”的参会者放在一组，把“达到最佳绩效所需刺激水平很低”的参会者放在另一组，其他人也按照分数高低进行分组。

不难理解，“达到最佳绩效所需刺激水平很低”的小组感到压力很大，觉得准备汇报的时间不够，而“达到最佳绩效所需刺激水平很高”的小组则好像很盼望这个挑战，根本不担心时间紧迫。

接着我们向大家宣布了另一条消息：其实他们公司老总要来视察的消息是假的。老总根本不会来，他们也不必准备汇报。

这条消息一公布，你可以听到会议室的一边有人结结实实地松了一口气，而另一边则有人真真切切地叹了一口气。没错，有人居然对此大失所望。不过，好在没有人恼羞成怒地操起家伙把我们赶出去。

这次演练大家都有惊无险，不过也都认识到了一点：每个人达到最佳绩效所需的刺激水平都不一样，达到最佳绩效需要的情绪刺激程度存在着很大的个体差异（见图 2）。

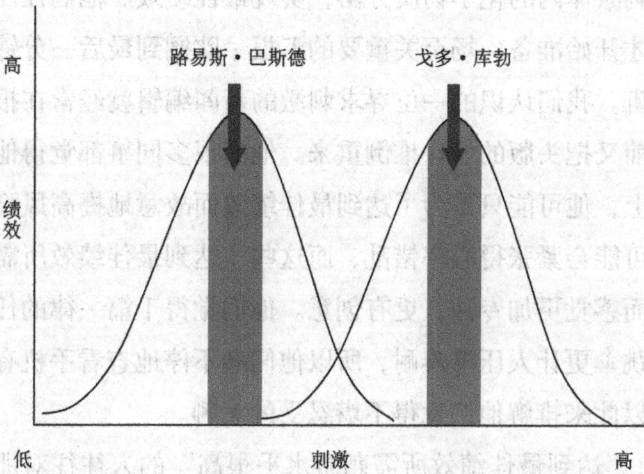

图 2　路易斯·巴斯德和戈多·库勃都取得了最佳绩效，但他们需要的刺激水平明显不同

“达到最佳绩效所需刺激水平很高”的人

你的绩效曲线位置越靠右侧，就越容易在压力之下进入最佳绩效状态。办公室里的日常工作可能让你觉得提不起劲来，可每当有危急情况发生时，你便是精神抖擞、挺身而出的那个人。戈多·库勃就是这样的典范。

“达到最佳绩效所需刺激水平很高”的人在很多公司里都被奉为英雄。大家对他们在工作内外的丰功伟绩都肃然起敬。当公司的一个合伙人轻描淡写地说“我每逢周日都会去玩玩滑翔来放松自己”时，满心敬畏的年轻主管便会谨记在心，决意效仿。如果你的工作环境崇尚“钻石只有在高压之下才能磨出光泽”之类的座右铭，那么每个人自然都会有意无意地朝着这个方向努力。

这些“达到最佳绩效所需刺激水平很高”的人以追求刺激为乐，但在压抑沉闷的工作环境中怎么待得住呢？事实上，很多人根本待不下去。而有些领导者确实在这样的环境中待得较为长久，因为他们慢慢琢磨出了自己的秘密武器来对付无聊。为了工作时能全情投入，他们有时会刻意制造一些紧急情况，以此来刺激体内的化学物质分泌，实现最佳绩效。他们往往等到上台前的几个小时才开始准备一场至关重要的汇报；耽搁到最后一分钟才动身去赶一趟国际航班。我们认识的一位寻求刺激的新闻编辑就经常在报纸马上要付印的几分钟前又把头版的设计推倒重来。他的很多同事都觉得他有点自虐倾向，可事实上，他可能只是为了达到最佳绩效而故意地提高风险而已。压力巨大时别人可能会紧张得心率错乱，而这些“达到最佳绩效所需刺激水平很高”的人反而感觉更加专注，更有创意。他们觉得千篇一律的任务和冗长低效的会议比跳伞更让人压抑难耐，所以他们会不停地查看手机有没有邮件和短信进来，以此来排解他们觉得不堪忍受的无聊。

不难理解，“达到最佳绩效所需刺激水平很高”的人往往对那些“达到最佳绩效所需刺激水平很低”的人嗤之以鼻。我们问一组“达到最佳绩效所需刺激水平很高”的高管他们认为哪些人会在刺激水平特别低的时候绩效最好，他们的答案都脱口而出。有人说“小学教师”，有人说“官员”。总之，对于那些为人有板有眼、稳扎稳打，行事规规矩矩、按部就班，一旦时间紧迫、情况危急就惶恐不安，对各种压力都惧怕不已的人，这些人都不屑一顾。他们直截了当地认为达到“最佳绩效所需刺激水平很低”的人都没什么出息。

“达到最佳绩效所需刺激水平很低”的人

不过，这些“达到最佳绩效所需刺激水平很高”的高管如果肯多花点时间仔细思考一下，就不会那么不由分说地嘲笑或藐视“达到最佳绩效所需刺激水平很低”的人了。譬如，有人会反问：“那么诺贝尔奖获得者呢？他们不就是极其小心谨慎、一丝不苟，有的研究一个分子就能研究个几十年吗？”有人则会问：“还有写小说重写了 17 次的作家呢？”显然，有些人达到最佳绩效并不需要大量的外界刺激。虽然没有人提及路易斯·巴斯德，不过他也是个绝佳的例子。归根结底，无论是“达到最佳绩效所需刺激水平很低”的人还是多巴胺旺盛、追求刺激的“达到最佳绩效所需刺激水平很高”的人，对于职场和整个社会而言，他们都同样重要。

找到适合你的刺激水平

乍一想，“达到最佳绩效所需刺激水平很高”的人和“达到最佳绩效所需刺激水平很低”的人似乎来自完全不同的星球，和“男人来自火星，女人来自水星”这个大众观念颇为类似。然而，是不是一朝是火星人就一辈子是火星人了？你注定不是前者就是后者吗？当然不是。性别、遗传、年龄、环境和经验都影响着你实现个人最佳绩效所需的刺激水平。

性别。要么是火星人要么是金星人的二分法可能过于简化了，不过事实证明这种区分也颇有些科学依据。研究者做过无数的实验，结果都得出了相同的结论：从统计学意义上而言，男人可能比女人更热衷于追求刺激。我们会在第 7 章中讲到，决定你达到最佳绩效所需的刺激水平的关键因素之一是睾酮。虽然睾酮俗称雄性激素，但男性和女性体内都有这种物质，只是含量不同而已。不过，因为男人平均而言体内睾酮含量更多，所以通常其达到最佳绩效所需的刺激水平更高。

遗传。除了性别，其他一些遗传因素也会影响你达到最佳绩效所需的刺激水平。例如，多巴胺受体基因 DRD4 与追求新鲜感相关，这个关键因素也会使得你达到最佳绩效所需的刺激水平更高。同样，我们在第 7 章中也会提到公司高管体内通常都有一个异常活跃的多巴胺系统。

另一组基因可能会影响你对压力的总体反应。维也纳医科大学的研究人员最近开展的一项研究发现，有 3 个基因变体可能会干扰你从紧张情境中振作起来的能力。如果你体内有这 3 个变体中的一个以上，你就可能更难以从艰辛的人生境遇中振作起来，而且对其他紧张情境也会更加敏感。不过，如果你体内没有这些基因变体，那么每经历一次紧张情境，你反而会变得更加坚强一点。

这是否意味着先天遗传形成的性格无法改变了？不是，至少并非绝对如此。你体内存在的某些基因并不会自动决定你的命运。一个人的性格特质向来是先天遗传和后天培养共同作用的结果。据估计，基因对性格的影响程度为 20% 到 60% 不等。一个基因要发挥影响，必须得到启用，或者用遗传学家的话说，必须得到“表达”。因此，某些遗传特质可能在你的一生中始终都处于休眠状态。威斯康星大学的心理学家理查德·戴维森表示，你的 DNA 里的基因就像个人音乐收藏中的专辑。他说：“你手里有一张 CD 并不意味着你一定会播放这张 CD……”

年龄。一个人在青春期可能无所顾忌、放纵自由，但随着年龄不断增长会逐渐变得更加谨慎与保守。这种现象很常见，但绝非人人如此。有些人认为从洒脱不羁到稳重内敛意味着一个人越来越懂事了，有些人则认为这是越来越庸俗了，其实造成这一变化的一个关键因素是睾酮水平下降了。澳大利亚的研究人员认为，睾酮水平降低不是衰老引起的，而是与肥胖和抑郁有关，只是这两个特征在老年男性中更常见而已。无论出于什么原因，结果都是一样的。随着年龄增长，男性的睾酮水平会越来越低，女性也一样。而睾酮水平每降低一些，你达到最佳绩效所需要的刺激水平就会降低一些。（有意思的是，初为人父人母的人经常会出现睾酮水平降低的现象。）

环境。在影响你达到最佳绩效所需刺激水平的诸多因素当中，环境是你最能够把控的因素。许多咨询顾问一开始在压力重重的国际商界中似乎如鱼得水、游刃有余，成天出差不断、分秒必争，可几年之后，他们就会改变心意，想换一个轻松温情一点的工作。很多公司现在也考虑到人们对工作环境的不同喜好，特地为“通才”和“专才”创造了不同的轨道。这两类人可以各行其道，并行不悖。虽然“专才”轨道的工作节奏没那么快，不过仍然吸引着顶尖的人才，也需要顶尖人才加盟。专才和通才相比并没有优劣之分，他们只是喜欢不同的工作方式而已。因为有快慢两个轨道，两种不同喜好的人才都可以各就其位、各得其所。

经验。当然，并不是每个人在某个领域工作几年以后都会不由自主地感觉自己需要从通才轨道换到专才轨道。有的咨询顾问在整个职业生涯中都可以满世界东奔西跑，从来不觉得心力交瘁。事实上，很多人发现随着时间的推移，事情越多，反而越是得心应手，而且渴望能够不断增加挑战以免觉得无聊。这便是可能影响你的绩效的另一个因素：经验。通常而言，你从事某个行业越久，经验攒得越多，你可以借助无意识的大脑（见第5章）自动处理的事情就越多。经验不仅让你工作起来更加驾轻就熟，应付紧张情况时也更轻松自如。

把握个人绩效的高低变化规律

若要把握自己的最佳绩效，自我意识至关重要。如想获得成功，你得针对不同时期、不同任务确定自己达到最佳绩效所需要的刺激水平。著名神经科学家沃尔夫·辛格有言："每个人的抗压能力和对不同环境的反应都存在着差异，因此及早发现自己的长处和短处可能是人生中最重要的事情。"如果你能认识到自己表现最好的情况，就可以顺应环境施展自己的长处，并对各种条件进行微调，从而在必要的时候达到最佳绩效。

掌握你的火候

当然，我们都没有办法始终维持一个稳定的刺激水平。真要维持同一个刺激水平也是难以持久的，而且很无聊。由于我们所处的环境存在不同的影响因素，兼之个人性情特质各有千秋，因此我们的刺激水平在一天当中会时高时低。试想，公司每个星期的全员大会是不是让你觉得无聊至极或压抑难耐，而与他人的当面会谈则让你觉得无比清醒、精神焕发？你是不是比较喜欢讨论问题的宏观走势，与他人进行激烈的思想交锋，而讨厌盯着一份文件字斟句酌，推敲细枝末节？所以说，大家对日常工作的反应并非千人一面。可能你在一天里的某个时段正处于最佳工作状态，而你隔壁办公室里的同事已累得焦头烂额。

你要区分什么事情会让你急得胸口发慌，什么事情会让你冷静下来。要更清楚地了解你的个人最佳绩效，可以先把一个星期要完成的工作任务都列出来，然后对每个任务给你的感觉进行评估：压力过大，压力过小，压力不大不小刚刚好。

如果你不习惯制定一份详细的列表，可以尝试采用心理学家经常使用的方法。先在手机上设置闹铃，从早到晚每隔 90 分钟响一次。每次闹铃响起，快速记下你当时的绩效水平。这时的你是否觉得无聊乏味，没有兴致？如果是，在日历上的这个时间段标上代表“压力小”的文字“小”（绩效曲线的底端）。如果你觉得压力过大或紧张不安，就在日历上标上代表“压力大”的文字“大”。当然，如果闹铃响时你的绩效最高（这时的闹铃不合时宜地打断了你的状态，十分抱歉），就在日历上标上代表“最佳绩效”的文字“佳”。

无论采取什么方法，你都会渐渐发现其中的规律，从而更清楚地了解影响自己工作绩效的因素。你对自己一周绩效的高低变化有了更全面的了解以后，就可以更好地把握如何在最需要的时候精准地抵达最佳绩效的理想点，也可以更深刻地体会到自己是否适合从事目前这份工作。

位置，位置，位置

有一句老话说得好，购买房产时需要考虑的 3 个最重要的因素是：位置，位置，位置。把握工作绩效理想点也是这个道理：位置是重中之重。不过我们所说的“位置”并不一定指你的工作场所是在高楼大厦里头、厨房里的桌子旁边还是游艇的甲板上面，而是指工作环境的整体氛围。就算你不是科班出身的神经科学家，也会觉得路易斯·巴斯德如果去当宇航员肯定一塌糊涂，而戈多·库勃如果去实验室搞科研也势必糟糕透顶。归根结底，你能否成功的关键在于是否可以找到一个与你的绩效状况相匹配的环境。如果你发现自己经常过度紧张或穷极无聊，那就需要改变一下工作环境，或者严肃认真地对自己处理的工作事务或工作方式做出调整。如果你是巴斯德类型的人，则不要去投资银行工作；如果你和戈多·库勃一样热衷于追求

你能否成功的关键在于是否可以找到一个与你的绩效状况相匹配的环境。

刺激，那么在一个巴斯德的实验室那样拘束压抑的环境中工作可能会让你感到无聊或沮丧，或二者兼有。

很多时候，如果自己的绩效状况与工作环境不太匹配，解决的办法并不一定是大动干戈地换一份工作。你可以思考一下究竟是什么让你过度紧张或穷极无聊，然后努力改变这些情况。调整你的工作时间，改变你的工作环境，与同事重新分配职责，都可以改善你的绩效。把你需要做些改变的想法同上司和同事说一说。绩效曲线简单易懂，与朋友和同事讨论起来比较容易。我们在第 4 章中将会谈到，有时貌似很小的改变却能产生四两拨千斤的作用。

过犹不及

虽然达到最佳绩效应该是你追求的目标，但是长时间保持最佳绩效状态既无必要也不可取。你在最有必要的时候达到最佳绩效即可。如果你试图长时间维持多巴胺、去甲肾上腺素和乙酰胆碱的最佳组合水平，可能会使神经系统负担过重，神经递质消耗殆尽，最终导致体力透支、精疲力竭。我们不妨以大提琴大师马友友或顶级滑雪运动员肖恩·怀特为例，如果我们要求他们一周 7 天、一天 24 小时都以世界级的水平演奏大提琴或滑雪，这要求想必荒唐透顶。实际上，他们要根据具体的作息计划进行练习、休息、演奏或运动、恢复，这样才能在关键时刻进入最佳状态。

掌握每天、每周和每月个人精力的变化规律在企业界也同样重要，因为公司高管需要满足的要求在难度和强度方面往往不亚于专业运动员面临的挑战。心理学家兼神经反馈专家阿克塞尔·科瓦尔斯基利用计算机技术帮助企业领导者实现最高绩效，他表示："始终维持高绩效状态实际上有弊无利，只有在必要的时候进入高绩效状态才是制胜之道。关键在于相机而动、随机应变。"企业领导者唯有具备了根据手头上的工作随时切换到最佳刺激状态的能力，才能算得上是真正娴熟地控制着自己神经资源的成功人士。

改善你的绩效

如果你确定自己所处的工作环境与自己的绩效状况相互匹配，就可以运用有效的方法根据具体任务或具体情况的需要调整自己达到最佳绩效所需要的刺激水平。不过，在此之前，千万要搞清楚自己是不是身处合适的环境！请记住，这些方法只是用于调整绩效的小窍门，并不是扭转乾坤的法门，无法将一份差工作陡然变成好工作。你所处的工作环境与自己的绩效状况越匹配，你就越容易发挥所长，越不需要用到这些调整刺激水平的技巧。

提高刺激水平

时间长了，大多数人对自己的刺激水平是过低、过高还是刚刚好都会有直觉的把握。如果你觉得难以评估自己的压力水平，可以使用压力测量量表（英语缩写为PSS）来进行科学的测量，这份量表是由卡内基·梅隆大学和俄勒冈大学的心理学家设计的，总共有14个项目。如果你利用压力测量量表或直接通过精神诊断发现自己的刺激水平低于你有效工作需要的水平，可以借助几种方式人为地提高你的刺激水平。

想象一阵轻微的恐惧感（即使与手头上的工作无关也行）有时也可以提升你的去甲肾上腺素水平，从而提高你达到最佳绩效所需要的刺激水平。我们认识一位同事，每次他需要额外刺激去甲肾上腺素的分泌时，就喜欢设想一个截止期限快速逼近的恐怖场景，脑中浮现出他没能如期完成任务时领导恼怒的面容，以此来激励自己。

如果你觉得百无聊赖，或者觉得自己的工作乏味枯燥，可能你的体内缺少多巴胺。要提高你的多巴胺水平，不妨幽默地看待事情，积极地思考问题，或者改变一下工作地点或工作方式，这些做法都会有效果。此外，有氧运动不仅可以将你午后时分的困乏一扫而光，还可以提高你体内的多巴胺水平，让你单调无聊的一天焕然一新。

降低刺激水平

如果你紧张得几近手足无措，可以采取一些有效的策略来抑制威胁反应，降低自己达到最佳绩效所需要的刺激水平。切记重要的一点：你之所以紧张是因为你需要满足的要求很高而又没有办法控制局势。要让自己暂时松懈下来，你可以从事一些无需努力就能完成的日常活动，如整理一下办公桌或删除一些电子邮件。如果你觉得无法把控整个局面，那就把注意力放在整个过程中你可以控制的那些方面，例如构思一下为客户制订的解决方案的总体战略方向，而不要费心去思考股市的发展态势。最后还有运动，运动有双重好处，既可以增加你的能量，又可以减小你的压力。午餐时间去跑跑步或者快速爬爬楼梯都可以降低血液中有害皮质醇的水平。如果这些运动都没办法进行，那你就学学路易斯·巴斯德，在办公室走廊上来回走一走，也能起到减压效果。

路易斯·巴斯德在里尔的实验室外面一边冥思苦想一边来回踱步确实终有所得。他心中怀着改善人类健康的深切愿望，默默为自己立下了一个目标——找到治愈传染病的办法。

他为此实现了一系列层层推进的科学突破，逐步向着自己的梦想靠近。他首先解开了发酵的秘密，随后发现了微生物的作用，接着又继续想办法控制和根除传染病，最终针对致命的疾病研制出了几种能够拯救生命的疫苗。这其中最重要的成就是他对微生物的精心钻研彻底改变了外科医生给患者施行手术时遵循的程序。现代医院的手术室之所以能够具备无菌条件，应该归功于路易斯·巴斯德当年执着投入的科学研究。

宇航员戈多·库勃环绕地球轨道飞行的航天任务堪称史无前例的壮举，原定要完成 22 圈飞行，可太空舱的电路系统在第 19 圈飞行时出现了短路，麻烦自此便开始了。只剩最后一圈环地球轨道飞行时，自动控制系统突然失灵了。陡然之间，库勃莫名其妙地就获得了他和同行的宇航员一直求而不得的权力：自行控制飞船。他一下子从飞船的乘客变成了驾驶员，出乎意料地“如愿以偿”了。

地面控制中心里的工程师面临这样的突变方寸大乱，紧张得直抽烟，不过戈多·库勃可不是一般人，压力越大反而表现越好。这时候的他冷静、警觉，一派镇定自若。正如《太空先锋》一书的作者汤姆·沃尔夫所言，库勃应对整个危机时的表现就像商务航班的飞行员一样沉着淡定、从容不迫。虽然库勃完全凭借手动操作驾驶飞船着陆的整个过程不能称为一帆风顺，但最后的结果也堪称完美。这次着陆是整个太空计划有史以来最精确的一次，也让大家见识到了一个人在高压之下反而表现极好的精彩一幕。

再想一想最佳绩效三要素——多巴胺、去甲肾上腺素和乙酰胆碱，貌似在必要的时间和地点找到你的理想点十分简单明了，甚至可以说易如反掌，但经验告诉我们其实不然。为了稳妥地实现最佳绩效，必须克服两个关键的障碍：一是情绪起伏有时会严重破坏我们清晰思考的能力，二是强烈的本能会使我们的注意力受脑中思绪和周遭环境的影响而涣散。

归根结底，实现最佳绩效需要学习如何调节情绪，集中注意力。这些正是我们在接下来的两章中要探讨的技能。

第1章小结

一切取决于刺激水平。要达到最佳绩效，你需要具备最佳情绪刺激（通常称为压力）水平。

乐在其中。你觉得开心的时候，大脑就会释放多巴胺。不开心是不可能实现最佳绩效的。

挑战自己。你觉得无聊或处于极度恐慌的状态时不可能达到最佳绩效，而你感到压力稍微有点大的时候才能实现最佳绩效。这时候大脑会释放适量的去甲肾上腺素以保持你的最佳绩效。

增强专注力。你一心多用的时候永远达不到最佳绩效。只有当你全神贯注、连续不断地工作时，才有可能实现最佳绩效。

甲之蜜糖，乙之砒霜。虽然同样是为了达到最佳绩效，但是某个刺激可能让一个人精力充沛，让另一个人感觉不堪重负。

不同人获得最佳绩效的方式没有优劣之分，只是不同而已。无论达到最佳绩效需要的刺激水平较高还是较低，人与人之间在智力和总体绩效方面并没有明显的差异，只是他们达到最佳绩效所需要的条件不同而已。

性别和年龄都会影响你的绩效状况。女性达到最佳绩效所需的刺激水平一般较低，而男性平均来说需要的刺激水平较高。随着年龄的增长，我们需要的刺激水平都会逐渐降低。

根据自己的个人绩效状况寻找合适的工作环境。如果你在工作中经常过度紧张或过于无聊，那么你应该做的最重要的一件事是思考一下你的天性是否与工作环境相容。

为你的员工创造最佳工作环境。如果你是企业领导，请花些功夫调整一下工作环境，让员工能够更加自如地按照自己的绩效状况开展工作。创造灵活的工作条件，这样每个人都可以更加轻松地达到自己的最佳绩效。

运用心理训练手段对自己的绩效进行微调，不过这些手段只能治标而不治本。你只有身处合适的工作环境之中，才能运用心理训练技巧来调整你的刺激水平，从而在必要的时候达到最佳状态。

第 2 章 调节你的情绪

学习如何更好地控制自己的情绪。

齐内丁·亚兹德·齐达内（数百万球迷口中的“齐祖”）也许是法国有史以来最伟大的足球运动员。然而，对于其他国家的球迷而言，大部分人一想到齐祖，脑海中浮现的第一幕便是 2006 年发生的一件不堪回首的丑事，虽然历时只有几秒钟，却令人印象深刻。

在 2006 年法国和意大利的世界杯决赛中，齐祖踢出一记罚球，球撞到球门柱后弹起，落在球门线后面，创造了法国的首开记录。12 分钟之后，争强好胜的意大利中后卫马可·马特拉齐灵巧地踢入一个漂亮的角球，将双方比分拉平为 1 ： 1。

双方激烈交战 90 分钟之后，整场比赛依旧只有齐达内和马特拉齐各自踢进的一个球。接下来发生的一幕让人匪夷所思、错愕不已。加时赛进行到三分之二时，这两个人相互轻轻碰撞了一下，于是都停下了脚步，紧接着马特拉齐扯住了齐达内的球衣。虽然齐达内刚开始貌似想摆脱他的拉扯，可突然之间又转头面向马特拉齐，使尽全力向他扑去，用头狠狠地撞向他的胸口，将他顶翻在地。

全世界的球迷目瞪口呆地看着这一幕，这种行为极其蛮横粗暴，严重违反了体育道德。裁判别无选择，只得向齐达内发了一张红牌，将其从比赛中罚下场。

法国队缺了这位球队队长同时也是技术最娴熟的点球球员，在点球决胜负回合遗憾落败，意大利因此成为2006年世界杯冠军。虽然足球是一场非常复杂的游戏，存在一定的运气，不过我们可以说，齐达内的情绪只不过失控了几秒钟，代价却是他的国家因此与世界杯冠军失之交臂。

我们的原始神经网络

估计你也曾经目睹过有人在工作期间情绪爆发，虽然未必像齐达内用头把人撞翻那么粗暴，也没有把丑态传遍全世界，但同样令人瞠目结舌、胆战心惊。谁说得准呢？说不定你自己也情绪失控过。如果你确实失控过，爆发之后一旦冷静下来，肯定又觉得懊悔不已。许多经历情绪失控的人回头都会捶胸自问："我当时是怎么想的啊？！"

当然，这个问题其实是反问，答案不言自明，可以用神经科学原理来解释：你当时其实根本没有在思考，你只是在反应而已。情绪爆发的时候，你的大脑当中更文明克制、更有意识的区域被一个更强大原始也更无意识的部位拦截了。这只是你大脑的前额叶皮层和边缘系统之间不断抗争中的一个小冲突而已，而边缘系统管辖着两个最基本的反应。人类可以展现出形形色色截然不同的情绪，不过这些情绪大多数来源于大脑中两个非常简单、非常原始的神经网络，即威胁回路和奖赏回路。

威胁回路：保全性命

虽然大脑拥有各种不胜枚举的技能（从打高尔夫球时击球入洞到填写所得税申报表，千差万别，不一而足），不过毋庸置疑的一点是：它的主要任务是保全你的性命。正因如此，大脑但凡觉察到有一丝一毫可能置你于危险境地的迹象，便难免有点过度敏感。这时的大脑就像手握扳机随时出击的保镖，稍有动静便扣响扳机，不容分说，先斩后奏。

原始人面临的许多威胁现在已经不复存在，但是应对这些威胁的大脑软件仍然在运行。现代人的大脑实际上依旧以穴居人时代的思维系统为基础，并没有以新的生存本能取代原始的生存本能。再者，我们的原始大脑系统更坚固、更强大，通常会率先对我们遇到的任何刺激做出反应。这就意味着如果你在公司会议室中不小心触动了某个员工的原始系统，原本受过大学教育、文质彬彬、衣冠楚楚的他可能会陡然变成一个面目狰狞、身穿熊皮、手舞木棒的野蛮人。

相比往昔，剑齿虎已经灭绝了，社会进步了，我们可能会误以为自己现在生活的这个世界更加安全了，可实际上如今可能触发压力反应的情况比过去要多得多：上级冷不丁发来一条信息，说再过一个小时就要你把创意提交给他;客户打来电话,说“我对你提出的方案一点儿都不满意”;同事又来“火上加油”，告诉你他下个月要升职了，而你没有；日历闹钟提醒你现在离走访客户只剩下两天了。接着，就在你觉得不可能再有更糟的麻烦事发生的时候，学校打来电话，说你家10岁的孩子病了，要你去接他回家。

每当我们看到一些觉得可能威胁到自己生存的危险时，我们就会迅速且往往无意识地做出反应。无论是面对突然拐到我们车道上的汽车，还是对我们的能力提出质疑的同事，我们的大脑都会以极其相似的方式做出反应。两者都会被大脑当作对我们当前生存的挑战。如果是一辆车冲向我们的车道，我们要庆幸自己的大脑具有一触即发的报警系统，在千钧一发的时刻我们会急踩刹车或突然扭转方向以避免意外，而且速度极快，没等有意识的大脑反应过来，无意识反应就已经发生。我们会心跳加速，感觉变得更加敏锐，长期认知暂时关闭,而专注力突然变得像激光一般凌厉。我们躲过了一场灾难，只有等到事后听到自己剧烈的心跳或看到汗湿的手掌之后才缓过神来。

实事求是地说，这种瞬间避开迎面而来的汽车的能力可以拯救我们的性命，相比之下，我们对他人斥责的反应则未必能救人于水火之中。这倒不是因为这种反应不像我们对汽车的反应那么迅速，而是即便有同事对我们月度报告中的差池提出尖锐的质疑，我们估计也永远不会有生命危险。我们理性克制的大脑肯定可以意识到这一点，但未待其意识到这一点，我们的威胁回路早已经启动，以几乎与应对迎面驶来的汽车完全一样的方式对同事的责难做出反应。

最终的结果非常相似：心怦怦狂跳，手心直冒汗，警觉性增强，理性思考的能力瞬间消失。对于生活在号称文明社会中的人们来说，这绝对是个危险时刻。请谨记，我们大脑的威胁回路俗称“反击或逃避反应”。受到挑战时原始的反击冲动可能出于本能，但除非你是一名散打高手或专业摔跤手，在文明的社会背景下攻击他人都是为人所不容的。除非我们理性克制的功能可以像叼着哨子的裁判一样快速干预，否则我们就会情绪失控，像齐达内一样做出追悔莫及的事情。然而，如果我们试图以某种方式压抑自己的本能情绪反应，因此造成的伤害虽然可能没有齐达内在球场上陡然发飙那么出人意料，但也同样贻害无穷，对我们的长期健康而言甚至更加危险。

在大多数情况下，我们的身体更倾向于保护我们免受威胁侵害，而不是追求奖赏。细想之下，从人类进化的角度来说这种倾向很容易理解。虽然追求奖赏可能既有好处又很愉快，但应对威胁才是生死攸关的要事。压力这个东西在大家眼里可能大抵都是不好的，但有一个事实我们无法否认：你能活到今天，要归功于人类自古以来就具备了在最必要的时候可以保命的威胁反应。

“我们遇到了敌人，就是我们自己”

“我们遇到了敌人，就是我们自己”是漫画家沃尔特·凯利在《星期日电讯报》上连载的漫画《波哥》里的著名台词，不过他可能从未想过这句话居然如此中肯。虽然远古时候有毒植物和食肉动物经常让人类启动威胁反应模式，但从进化的角度来看，我们最大的敌人其实是其他人。当然，我们未必能时时刻刻有意识地认识到这一点，但是我们的无意识天然就对任何自己认为是局外人的他人怀着极大的戒心。

这种排斥异己的戒心可以追溯到人类的起源。事实上，直到近代，人类一直都是小规模群居的，一般不超过 50 个人。这个世道艰难而危险，我们经常需要与自己所属群落的其他人保持良好的关系才能维持生存。

然而，就像如今一样，并不是各个人都能始终意气相投、相安无事。如果你发现自己所在的族群里有个人特别不喜欢你，你可能会因此陷入性命不保的困境。倘若有朝一日你的部落遭到敌对部落攻击，你可能会发现自己明明就在这个讨厌你的冤家旁边，可他非但不来救你，反而可能背叛你，又或者他可能只顾着自己逃命，任由你孤立无援、独自应敌。当然，他也有可能抛却旧日积怨，与你并肩作战，击退外敌。他会选择哪条路呢？我们的祖先经常会面临这种困境。你可能很难估计这个冤家会如何选择，但还是要做出自己的判断，这一点至关重要。为了你自己的生存，你必须敏锐地掌握哪怕是极其细微的迹象，判断身边是否有个可以信赖的人能够依靠。

现代社会的人际冲突可能更加文明，也更趋复杂，但我们依然保有原始的大脑回路，这种回路使我们对周围人构成的细微的潜在威胁特别敏感。我们的戒心并不仅限于在战场上才有。譬如男女之间就一直存在着这种不安全感，所以你跟爱人说了一次你爱她并不能就此一劳永逸，以为接下来的 20 年都不用再说了。如果在这 20 年里你还疏忽了一次重要的周年纪念，丢掉了一件珍贵的信物，或者诚实地回答了“我穿这件衣服是不是很显胖”这个问题而犯了经典的错误，那么你就需要更加频繁地说我爱你才能将功抵过，消除对方的疑心。

这种更重视威胁而非奖赏的倾向不仅让人紧张烦躁，而且对长期的人际关系危害不浅。事实上，华盛顿大学心理学家约翰·戈特曼表示，通过分析一对夫妇 15 分钟的对话就可以预测出两人婚姻的成败，准确性高达惊人的 83%。戈特曼的研究提出了一个 5 ∶ 1 的“魔法比例”，意思是夫妻之间每出现一次负面的情绪或对话，就需要有 5 次正面的情绪或对话来抵消，才能保证他们的婚姻不致破裂。

当然，并非只有已婚夫妇才有威胁回路和奖赏回路，我们大家都有。因为我们格外重视威胁，所以即便上司对你的表现有过许多衷心的称赞，可他只要随便提一句你有个方面“需要改进”，之前的称赞带给你的满足感立刻就一笔勾销。奖赏虽然给人的感觉很强烈，但转瞬即逝，威胁则会永远铭记在心。

压力吞噬了我的大脑

再直白一些，我们的大脑在很大程度上是远古时代的产物。虽然我们从远古到现代可能有所进化，但应对压力的大脑回路基本上没有变化。我们一生中花在躲避危险上的时间远比赶公交车要多得多。如今，大多数的压力都不再像远古时代那样能护你周全，反而更有可能将你推入危险的境地。非营利组织美国压力研究院提供的数据表明，75% ~ 95% 的患者去看医生都是因为压力引起的病症。我们的威胁反应机制如果对突发的真实危险做出反应，确实可以挽救自己的性命，但这种“反击或逃避”反应只能偶尔启用，不能时时刻刻都一触即发。

我们的大脑在很大程度上是远古时代的产物。

如果你的身体时刻保持警觉，就会导致一种称为“静态负荷”的生理神经性状态。这种状态会损害你的健康和认知能力，工作记忆能力会瞬间降低，而更严重的是血液中应激激素皮质醇会长时间处于较高水平，导致海马体收缩，而海马体对于长期记忆和获取新信息而言至关重要。同时，压力使得血液中的皮质醇激增，降低了大脑中神经递质血清素的水平，最终可能导致抑郁和虚脱。

压力不仅会导致海马体收缩，自身还会愈演愈烈。我们感觉到自己遭受的压力越大，就会变得越焦虑。“反击或逃避反应”的核心（称为杏仁核的大脑区域）就会受到过度刺激。结果，长期紧张的人对任何可能造成压力的事物（无论是真实的还是想象出来的）都变得过分敏感。这可能导致压力反应变本加厉、恶性循环。譬如，我们因工作没有完成而感觉有压力，于是取消了去健身房的锻炼，省下时间来继续伏案操劳。等忙完回到家后，我们会像僵尸一样呆坐在电视机前，握着一杯葡萄酒或一瓶啤酒，吃着自己曾经发誓再也不会吃的油腻零食，直至上床睡觉。接着转辗反侧，一夜难眠，第二天又开始一模一样的生活。总而言之，最容易感觉到压力的人就是原本身处压力之中的人。

奖赏回路：感觉真好

值得庆幸的是，“反击或逃避反应”并不是我们从远古大脑继承而来的唯一的原始系统。另一套回路是奖赏反应，其作用与威胁反应相比几乎旗鼓相当，当然还是有些差距的。与威胁回路一样，奖赏回路的首要目标是保证你的生存，只是走的路线稍微迂回一些。“反击或逃避反应”是出于恐惧而触发，奖赏反应则与之不同，是为了获得满足而启动。我们想要进食、交配以及与他人愉快合作的欲望，都是这个反应发挥作用的结果。满足这些欲望时会感觉身心舒爽，因为这样有助于保证我们与后代的安全。奖赏回路是爱情、性欲、幸福、忠诚、同情和信任等背后的驱动力。当大脑处于奖赏状态时，身体就会释放实现最佳绩效的重要物质——产生新鲜感的神经递质多巴胺，给人以愉悦的感觉。吸食毒品时，奖赏回路也会刺激多巴胺的分泌。同毒品一样，时间久了，你需要更多的愉悦体验才能释放同量的多巴胺。同理，你今年得到的奖金要比去年多，你才会和去年一样开心。要是你的老板能明白这一点就好了！

我们冲突不断的大脑

大脑的不同部位总是纷争不断。虽然最古老原始的大脑部位脑干基本上都是自主运行，发挥着稳定可靠的生命支持系统的作用，但大脑当中更趋进化的部位中脑和大脑皮层则经常互相冲突。两者之间相互制衡的动态关系是情绪调节的关键，重点是要设法在原始大脑置你于麻烦境地之前让更明智的大脑系统先行介入干预。两者之间针锋相对、此消彼长的较劲通常有两种基本形式：一种为每个人都会注意到的情绪爆发，另一种为更微妙的抑制反应，这时大脑皮层趁情绪爆发造成永久损害之前介入干预并努力将大脑掀起的惊涛骇浪镇压下去。

颇为讽刺的是，后一种反应虽然看起来更有教养，但更有可能对你的身体和大脑造成长久的伤害。这种处理方式虽然可能不会让你在同事面前失态，也不会让你因袭击他人而被捕（或下场更糟糕），但是会使你的血压升高到危险的水平，使负责推理和记忆的关键大脑区域产生收缩，损害你的免疫系统，或让你患上各种大大小小的疾病，小到长期磨牙，大到危及生命的心脏病等。

我们究竟为何要有意识地让自己陷入这样的危险境地呢？简而答之，我们并没有自我戕害，至少并不是有意识地这么做。可这正是问题所在。如果我们不能刻意改变自己的行为，我们的自戕反应基本上就属于无意识反应，处于有意识的认知控制范围之外。因而情绪调节的关键是提高自己处理压力的能力以保护自己，并教会大脑中较为弱小但又更为复杂的有意识区域击败更加强大但又更加原始的无意识区域，以此来训练大脑。

保护你自己

你可以创造有利于保持情绪稳定的总体生活条件来增强自己抵抗情绪失衡的能力。运动锻炼、健康饮食、充足睡眠这 3 条经过实践检验的建议虽然是老掉牙的陈词滥调，但既然大家言必谈之，自然有其道理，因为确实有效。这 3 种方法确实可以培养你应对压力的韧性，其他方法的效果一概无法与之相比。如果你能在自然环境当中做运动，效果会更好。

好好睡一觉再说

据说传奇的物理学家阿尔伯特·爱因斯坦每天晚上都要睡足 10 个小时的觉。当然你就算不是一个天才也会明白充足的睡眠可以让人精神饱满，而最近的研究表明，充足的睡眠对情绪调节也发挥着关键的作用。遗憾的是，美国的上班族中大约有 30% 的人每天睡眠都不足 6 个小时。更糟糕的是，有太多高管把睡眠时间短看成了一种荣耀，好像睡得少是充满了英雄气概的壮举，言外之意是只有强悍的人才可以几乎不睡觉就能安然度过一天。

唤醒你的原始一面

加州大学伯克利分校的睡眠与神经影像实验室主任马修·沃克发现，睡眠不足会损害情绪调节能力并使大脑中的某些进化功能出现退化。他说：“如果缺乏睡眠，大脑无法将情绪体验置于相应的环境之中加以诠释并继而做出克制、恰当的反应，于是就会切回到更加原始的活动模式。”

如果你睡眠不足,大脑产生“反击或逃避反应”的杏仁核就会高速运转，对更加细致审慎、合乎逻辑的思考产生干扰，同时还会阻碍原本让人镇定的神经化学物质的释放。睡眠不足还会使你变得脾气暴躁、没有耐心、喜怒无常，而且对负面情况反应过度，容易把不悲不喜的情况也视为负面情况。

睡眠不足不仅干扰你自己的内心情绪调节，还有其他不良后果。加州大学伯克利分校的一项研究发现，睡眠缺失会削弱你判断他人面部表情的能力，而这种损害在女性当中尤其明显。睡眠不足还会影响你的决策，降低你的工作效率，而最糟糕的是增加你罹患心血管疾病和胃肠道疾病的风险。

我们都有生气的时候

如果你一直缺乏足够的睡眠，神经有可能会错乱。马修·沃克认为：“即便是心理健康的人，如果缺乏睡眠，其大脑也会出现某些病理性精神病症状。”这些病理性精神病症状会带来什么后果？最近的研究表明，睡眠不足或睡眠中断的人更容易出现抑郁症，甚至自杀风险也更高。睡眠不足究竟会让你情绪失控到什么地步？沃克的研究结果表明：“睡眠不足的受试者与睡眠正常的受试者相比，其大脑情绪中心的反应活跃度要高出 60% 以上。”这个效果非常显著，而且完全在我们的控制之内。

睡眠的好处

当然，睡眠的作用不仅仅是避免祸患。睡眠不足会干扰你保持镇静的能力，而睡眠充足能创造奇迹，帮助你承受生活中许多不可避免的压力和烦恼。

> **充足的睡眠可以极大地缓解压力带来的痛苦。**

我们很多人总喜欢把当下的时间大把地浪费在重温过去的紧张记忆上。即便只是回忆一下曾经遭受过的别人的怠慢、同事之间的争辩、伤神劳心的工作任务等就足以重新激活威胁反应。好在充足的睡眠可以极大地缓解压力带来的痛苦。在睡眠周期中极其重要的快速眼动睡眠期间，大脑可以预先阻止与压力相关的神经递质去甲肾上腺素对最近发生的事件进行处理，然后将这些事件存储为长期记忆。这意味着你以后仍然可以记起这些事件，但不会触发这些事件第一次发生时所伴随的情绪。

很多公司都意识到了这一点：员工只有休息好了以后工作起来才会干劲十足、卓有成效。事实上，除了鼓励员工在夜间保持足够的睡眠，谷歌、耐克、时代华纳等著名企业不仅允许员工在工作日随时抽空休息，而且对这样的行为还颇为鼓励。耐克和蒂森克虏伯等公司还安排了安静的房间，供员工在里面小憩或沉思。相比之下，谷歌公司的做法更有创意。这家公司的整个园区都布置了专门的“睡眠舱”，造型看起来有点像躺椅和巨型乒乓球的结合体。有了这些睡眠舱，员工如果想补补觉或纯粹就想一个人静一静，就可以在里头享受一下独处的时光，欣赏一下舒缓的音乐。

当然，睡眠并不是单独地发挥作用。定期剧烈运动可以提高你的睡眠质量，而不良的饮食则会使睡眠变得更加困难。事实上，肥胖是导致睡眠障碍性呼吸暂停的主要因素。

运动的好处

无数的研究都表明，与终日懒散的人相比，平时定期运动的人在认知测试中的分数更高。他们在长期记忆、推理、注意力、解决问题、流体智力（涉及迅速推理）、抽象思维以及临时调用先前学过的知识来解决新问题等方面的能力都比不运动的人更好。简而言之，他们能更好地控制自己的大脑。如果你想调节情绪，就必须控制自己的大脑。事实上，运动的好处非常显著，如果运动能装瓶，简直可以当作灵丹妙药来服用。以下是运动的若干好处。

- 当你从事某项休闲体育运动特别是有氧运动的时候，患痴呆症的风险会降低一半。
- 如果你每天坚持散步 20 分钟，中风的概率可以降低 57%。
- 运动可以调节血清素、多巴胺和去甲肾上腺素的释放。这 3 种物质都与维持精神健康有关。有证据表明，我们可以利用运动来改变抑郁和焦虑的病程。《内科学文献》上发表的一篇文章记载了一项研究，其中患有抑郁症的男性和女性被分为 3 组，一组参加定期有氧运动，另一组服用一种知名的抗抑郁药，第三组既参加运动又服用药物。4个月之后，3组患者的抑郁症都有所缓解。

- 运动还可以增加齿状回中的血容量，从而改善你的记忆。齿状回是海马体的一个重要组成部分，负责记忆的形成。

运动不仅可以长期保护并增强人体健康，还可以在短期内极大地缓解压力的破坏性影响。这种自然疗法可以有效地将应激激素皮质醇从血流中驱逐出去，效果是其他方法无法比拟的。无论是短跑、快速步行还是一场激烈的网球比赛（事实上任何能让你起身忙碌起来的运动），都可以将你一天积累下来的紧张疲惫一扫而净，让你神清气爽地面对余下的时光，或轻松愉快地度过一个悠闲的晚上，睡一夜踏实的觉。

无论户内、户外运动都可以很好地抵抗压力，不过相比较而言，户外运动的效果会更好。只要能够接触自然界，任何形式的运动都有治愈效果。许多研究发现，置身于大自然之中可以提高情绪调节能力并有效缓解压力带来的紧张疲劳。华盛顿大学的彼得·卡恩博士主持的一项研究测量了3组学生的心率。一组学生在没有窗户的密闭房间里执行了一项略有压力的任务。另一组执行同样的任务，不过是站在一扇窗户旁边，透过窗户可以看到大学校园里的卓海勒喷泉。第三组学生在执行任务的时候可以通过房间里的一个等离子体屏幕看到喷泉的实时图像。透过窗户看到喷泉的学生心率下降得最多，而盯着空白墙壁的学生和通过等离子屏幕看到喷泉的学生心率变化不大，可以忽略不计。

在这项研究之前和之后开展的其他研究也强调了自然界在调节情绪方面的好处。《华尔街日报》上的一篇文章援引了知名的专注力专家（见第3章）、俄勒冈大学荣誉教授迈克尔·波斯纳的话，他认为在公园中散步对缓解压力“有奇效”。

诚然，住在城里的人没有条件随时领略大自然的风光。不过密歇根大学的马克·伯曼认为这不要紧，因为即便只是在一个安静的房间里欣赏大自然的照片也比沿着一条拥挤的城市街道散步更有好处。当然，话说回来，如果街道相对宁静，景观也不错，在街上散步和出城到郊外散步的减压效果基本相当。他告诉《华尔街日报》的记者："如果沿着一条安静的城市街道漫步，沿途有美妙的自然景观（如道旁种植的花草树木）可以欣赏，也同样可以让人身心放松。"

虽然不同的研究结果可能有细微差异，但大多数研究都得出了相同的结论：绿色的自然环境对减压有好处。

饮食与压力

众所周知，运动确实可以缓解压力，但工作繁忙的企业高管虽然勤勤恳恳地定期到健身房锻炼塑身，却往往忽视了良好的饮食对情绪调节的显著作用。

米其林星级厨师兼世界杯冠军德国国家足球队御用厨师霍尔格·施特龙贝格极力推崇通过饮食来减压。我们最近在慕尼黑与他交流时，他坚定地认为合理的饮食不仅可以满足球员参加足球比赛的体力需求，还有助于运动员和企业管理人员保持最佳的脑力状态。

施特龙贝格告诉我们，他亲眼看到了改善饮食给精神健康带来的显著变化。他怎么看出精神健康的变化呢？从客户的样子就能判断出来。压力对身体的伤害并非总是不知不觉的，一个善于观察的人往往可以从你的头发、皮肤和眼睛的变化发现营养不足或营养不良的明显迹象。施特龙贝格在不用为德国顶级运动员提供美味营养的饮食时，就用他的专业知识帮助商界的领导者缓解压力，改善他们的整体健康。他告诉我们说："我给其中的几位提了针对性的建议，几个月后，他们不仅感觉自己发生了变化，还亲眼看到了自己的变化！"

我们在举办基于大脑科学的绩效提高策略研讨会时，通常会聘请专业营养师为参会者专门烹制可以改善他们精神健康的"脑力食品"。参加我们研讨会的高管常常将这些脑力食品纳入自己的日常饮食。许多人都惊讶地发现这些健康食品居然如此美味，烹制起来如此简单，而且更重要的是，吃了这些健康食品让他们感觉比以前好得多。

我们提供的都是什么菜品呢？不好意思，这本书无法详述具体的菜单（不过将来说不定会专门就此撰写一本书）。不过，若论饮食营养在提高对不良情绪波动的抵抗力方面的作用，你可以记住一个简单的要诀，那就是营养的食物应该为你提供足够的能量，这样无论何时你的大脑都有精力正常运作。一般而言，你的饮食应该包含大量营养丰富的蔬菜和水果、若干蛋白质以及若干健康的脂肪酸（如橄榄油和菜籽油），这样安排肯定不会错。蛋白质很重要，因为氨基酸是神经递质的组成部分。例如，色氨酸（鸡肉、鹰嘴豆和巧克力等很多食物中都含有色氨酸）是血清素和褪黑素的前体，无法在体内自然生成。虽然有些人坚持连一丁点儿碳水化合物都不碰，但我们并不提倡这么极端的做法。事实上，有些证据表明低碳饮食会抑制血清素向大脑的传输，而这可能导致抑郁症。简单的碳水化合物可以为你的大脑提供能量，但基本没有或根本没有营养价值，这意味着你可能为了获得需要的营养而被迫摄入过多的热量。你应该在饮食中添加一些美味的全谷物复合碳水化合物，这样营养就均衡了。

训练你的大脑

大脑对某个情况会做何反应并没有定规。你的大脑可能既聪明又强大，但也非常天真善变。你可以利用自己的身体瞒骗大脑，令其积极地看待问题，或者将压力反应的强大力量转移至其他方面，化压力为动力，从而消除各种紧张的情况。

利用身体瞒骗大脑

无论是放松地微笑还是紧张得颤抖，人类的种种情绪都表明大脑驱动着身体，不过实际上大脑与身体会相互影响。心理学家一次又一次地证明了情绪会影响身体，反之亦然。通过“装模作样”，即刻意表现出既快乐又成功的表情和姿势，大脑往往真的就会相信自己既快乐又成功。

肉毒杆菌毒素效应

根据美国整形外科学会最近的统计，约有 610 万患者接受了 A 型肉毒杆菌毒素（简称肉毒杆菌）的治疗。绝大多数患者接受肉毒杆菌注射是为了让自己更自信，不过心理学家发现注射这些除皱药物对患者总体性格的影响居然包含着一个意外的效果。

一项研究邀请40名女性在接受肉毒杆菌治疗前后对一些话语做出反应，结果治疗前后的差异让心理学家和整形外科医生都不禁发出了会心的微笑。虽然受试者对开心话语的反应没有改变，但对悲伤或愤怒话语的反应在接受注射后明显延迟了。根据“面部反馈假设”，肢体语言会向大脑发送信号，进而产生相应的情绪反应。换言之，虽然我们开心的时候才会微笑，可有时微笑也可以让我们开心，这也许是肉毒杆菌有时会形成“凝固的微笑”带来的效果。肉毒杆菌研究得出的结果十分有趣，心理学家因此一直在研究肉毒杆菌是否可以作为治疗抑郁症的药物。

你笑得这么灿烂是嘴里咬了支铅笔还是因为见到我很开心呢

还有研究用普通的铅笔或筷子来代替肉毒杆菌。在铅笔研究中，研究人员要求一组受试者一边用牙齿咬着一支横着放的铅笔，一边评价一组漫画是否好笑。另一组受试者也对同样的漫画进行评价，不过是用嘴唇叼着一根铅笔，铅笔不能碰到牙齿。你自己试一试就可以看到两种姿势的区别。第一组受试者因为咧嘴咬着铅笔，所以全都变成了笑脸；第二组用嘴唇叼着铅笔，结果全都皱着眉头。虽然受试者并没有意识到自己的面部表情，但这些表情明显影响了他们对漫画的反应。微笑的受试者对漫画的喜欢程度远远超过了皱眉的受试者。

铅笔研究证明了愉快的表情会影响情绪，而筷子研究更进一步证明了面临压力时微笑可以让人更加坚韧。在这项研究中，一组受试者和铅笔研究里一样咬着一根筷子，咧嘴成一张笑脸，而另一组则脸上不悲也不喜。两组受试者随后都经历了略微有些紧张的事件，如将他们的手放入一桶冰水之中。每经历一次紧张事件，研究人员都在事件之前、之中和之后测量受试者的心率。微笑的受试者（虽然他们并不知道自己脸上的表情）的心率比脸上不悲不喜的受试者的心率恢复得更快。

姿势的力量

面部表情并不是影响态度的唯一因素。在两所著名的商学院进行的一项研究发现，姿势对人们整体行为的影响居然比升职还要大。受试者摆出了所谓的豪放姿势，双腿交叉而不是并拢，一只手臂放在椅背上耷拉着，而不是把双手放在双腿下面垫着，结果发现姿势豪放的受试者比那些虽然担任的职位更高但坐姿更谦恭的受试者显得更有自信和权威。研究结果非常明显，就连研究人员自己都惊诧不已。凯洛格商学院的博士生黄莉说道："研究刚开始的时候，我们以为一个人担任的职位高低很重要，可令人惊讶的是，每一次研究都发现姿势的作用比职位的作用更大。"哈佛商学院心理学家艾米·卡迪（《表现力》一书的作者）随后主持了一项研究，模拟了一个求职面试的场景，大家都认为摆出"高权势姿态"的应聘者表现得更好，更有可能被录用。

拥抱一下吧

微笑可以让人开心起来，豪放的姿势可以增强自信的感觉，简单的手势也可以神奇地让人镇定下来。给他人一个拥抱或接受他人的一个拥抱，可以触发催产素大量释放，而催产素通常被称为"拥抱激素"。事实上，身体接触一般都会释放催产素。研究发现，催产素比宽慰的话语更能有效地降低压力水平。在一项研究中，几位丈夫陪同各自的妻子接受一项紧张的测试。一组丈夫对妻子说些鼓励的话语，另一组丈夫则只是按摩妻子的肩膀。结果显示后一组妻子在接受测试时的压力水平降低了，而前一组没有。

当然，在某些圈子里，拥抱业内同事或按摩他们的肩膀可能会让人反感，在某些时候甚至可能触发对方的威胁反应。（德国总理默克尔 2006 年被时任美国总统乔治·布什猝不及防且不合时宜地摸了摸背，不妨问问她当时有何感想！）好在还有其他更加得体的方法来获得催产素。搂抱宠物或伴侣可以释放催产素，不过效果可能不怎么显著，简单地与客户或同事握手也有同样的效果。

因为我们的大脑存有消极偏见，所以遇见陌生人时最初的反应是将其视为敌人而不是朋友，直到这个人证明了自己是朋友而非敌人之后才会消除敌意。握手便是消除戒心的速效方法！这种习惯既有历史渊源（证明自己身上没有藏着武器）也符合神经学原理，即可以释放适量的催产素，减少威胁反应，增强双方的亲切感。

关闭压力

既然大量科学证据表明你的身体变化会影响大脑的反应，那么显然控制压力最有效的策略就是改变你的身体行为。

你的自主神经系统基本上无需意识的辅助就可以维持身体运行。这个机制有两个主要渠道：交感神经渠道和副交感神经渠道。激活“反击或逃避”反应的便是交感神经渠道，而副交感神经渠道主要负责“休息与消化”或“进食与繁衍”活动。

除了一些例外情况，一般其中一个渠道占主导地位时，另一个渠道就处于休眠状态。例如，我们感觉有压力时，通常就无法正常地休息和消化。为了让你的身体以最好的状态应对威胁，你的交感神经系统会暂时关闭所有无关紧要的功能，包括消化、繁衍，还有毋庸赘言的放松。如果生命危在旦夕，想必你也没心思轻松吧！

学习放松虽然不像开灯关灯那么直截了当，不过也差不多，总之就是要培养从交感神经系统切换到副交感神经系统的能力，即关闭压力并开启放松。大多数常用的放松手段都遵循同一条简单而又往往难以把握的原则：想办法掌握自己的压力开关。

深呼吸。呼吸是件自然而然的事情，每个人天生都会。你一辈子每天都在不断呼吸，基本上无需思考。深呼吸，也称为腹部呼吸，不仅让你专注于自己的呼吸，还鼓励你改变自己的呼吸方式，缓慢地通过鼻子而不是嘴巴吸气，吸气时让腹部（肚子）而不是胸部鼓起来，呼气时随着腹部收缩，缓慢地从嘴里往外呼气。我们大多数人都曾经有过这样的感觉：焦虑或紧张的时候，呼吸会变得短浅、急促，而慵懒或放松时，呼吸就很深沉、悠闲。深呼吸则反转了这个过程，利用呼吸来影响心情，而不是任由心情影响呼吸。

逐步放松肌肉。逐步放松肌肉是20世纪初埃德蒙·雅各布森医生发明的减压方法，就是逐步让肌肉松弛下来。进行这项训练时，要有条不紊地逐一拉紧和放松身体的肌肉群。这种方法不仅可以让身体全面放松，还可以增强你的身体意识，体会到每个肌肉群在紧张和放松时的感觉，日后身体各部位若出现紧张感，也更容易觉察到并设法缓解。

自律训练。早在20世纪30年代，德国精神病学家约翰内斯·海因里希·舒尔茨便发明了一种称为自律训练的放松方法。自律训练时，先安静地端坐或平躺15分钟，然后重复想象一组让人放松的场景，最好一天做两次或三次。大约30年后，美国心脏病学家赫伯特·本森博士继承了舒尔茨博士的方法并做了些许调整。他让患者舒适安静地坐着，专注地倾听某个声音、词语或句子，或凝视一个特定的物品。久而久之，这种训练可以增强你对自主神经系统的意识和控制，让你能够从紧张的交感神经系统切换到更舒缓的副交感系统，这便是本森博士所谓的“放松反应”。

虽然这些方法的具体运用流程不尽相同，但基本思想都如出一辙，即改变身体便可以改变你的大脑。数以百计经过同行评审的研究都支持这个权威的结论：通过有意识地专心放松你的身体或将注意力转移到一个简单的声音或物品上，你便可以让大脑关闭压力反应。

改变身体便可以改变你的大脑。

要利用身体控制大脑，你可以借助这些科学可靠的方法，也可以试试其他更加随意的技巧。如果你深陷一场仿佛没完没了的会议之中无聊难耐，只要变换一下姿势就可以让你精神一振。如果你坐在办公桌旁感觉情绪低落，有时改变情绪的最快方式就是起身四处走动走动。让你的身体领路，大脑自然就会跟随。

让你的身体领路，大脑自然就会跟随。

积极思维

过去的一个世纪里，各门各派的励志演说家几乎像传教般狂热地推崇所谓的积极思维。虽然这些演说家吸引了成千上万的追随者，但是从不盲从轻信的科学家对他们崇尚的乐观态度仍然存有疑虑。毕竟，积极思维听起来更像一门哲学而不是科学，而科学家向来只相信数据。如今，得益于功能性磁共振成像之类的科学创新技术，我们终于有数据了。虽然推崇积极思维的人士当中不乏欺世盗名的骗子和天真善良的拥趸，不过积极思维蕴含的基本理念（改变你的态度便可以改变你的生活）现在已经被数百项经过同行评审的、数据充足的研究证明确实如此。

你要相信自己

不过，我们且把丑话说在前头。有一些受到人们狂热追捧的自助方法目前还没有得到坚实的神经科学证据支持，其中最著名的便是自我肯定话语的理念。

当传奇拳击手穆罕默德·阿里骄傲地向世界宣告“我是拳王，我最厉害”时，他不仅在向观众们重申他们原本就心知肚明的事实，也是在为自己在拳击场上的表现鼓劲助威。阿里的宣言符合自我肯定话语的理念，这个理念推崇以乐观的态度说出“你可以实现几乎任何目标”这样有力的自我肯定话语。

问题是虽然有很多人像穆罕默德·阿里一样运用自我肯定话语激励自己获得了成功，但是还有成千上万身处逆境、心地善良的人说了自我肯定话语后反而结果更糟糕！实证数据表明，这些改变人生的速效技巧有时确实有效，但前提是你原本就有健康的自尊心。而实际上，自尊心较弱的受试者如果在接受紧张测试时使用自我肯定话语，结果可能适得其反。如果你对自己不自信，当务之急是改变对自己的看法。

一切都要归咎于基底神经节

我们的自信心和骑自行车的能力一样都存储在一个称为基底神经节的大脑部位之中。不难理解，这些神经节的位置与威胁回路和奖赏回路都很接近。如果你告诉自己很可爱，但内心深处觉得自己其实并不可爱，结果就会产生一种心虚气馁而又紧张不安的认知失谐，这时候有意识的大脑与无意识的大脑会相互冲突。

如果你心里确实没有建立起积极的自我形象，那么结果会如何呢？你注定会过着一无所成、浑浑噩噩的生活吗？绝对不会。你的自我形象总体上就像大脑一样，可以比作一块肌肉。如果你的双腿肥胖松弛，自己又想拥有强壮结实的肌肉，解决方法不言而喻，就是锻炼。同理，如果你的乐观心态不够强大或已经退化了，你真正需要做的就是锻炼。想一想自己拥有的天资和运气，承认自己以往的成功，重新建立起自我认同感，这些都可以巩固你的自我形象。

每一天都是感恩节

感恩并不是压抑或约束自己的情绪，因为压抑或约束自己的情绪不但没有效果，而且一再被证明有弊无利。感恩其实是要把你的注意力转移到别处。虽然感恩不必上升到宗教信仰或精神追求的高度，但是感恩疗法可以将你的关注焦点从肯定自己可能根本就没有的信念转移到对自己确实拥有的事物心怀感念的状态。

感恩的科学原理。大量研究发现，如果将注意力从空洞的自我肯定转移到实在地对自己拥有的事物心怀感恩，效果非常显著，仅仅 3 个星期的感恩训练就可以改善个人的精神面貌和整体心理健康。感恩训练可以助长人的能量，让人更喜欢运动，心态更加乐观，还能改善睡眠质量，让人愿意多花时间帮助他人。

所有这些改善效果都有累积效应，会逐渐影响你为人处世的方式，最终影响你对自己的看法和感觉。大量的实际证据都证明了感恩疗法的效果，而这些证据个个堪称奇迹。虽然研究一再表明有一个所谓的“幸福原点”（使某些人无论外部环境如何都天生比其他人更快乐的幸福基准点），但是感恩研究发现，感恩疗法可以将这一幸福基准值提高 25% 之多。拥有实验心理学博士学位的天主教本笃会修士戴维·斯坦德－拉斯特说道：“我们之所以幸福是因为心怀感念，而非我们幸福，所以才心怀感念。”

感恩策略。你如何才能把这个奇迹般的感恩理论付诸实践呢？你可以每天都做一件非常简单的事情，那就是写下你觉得应该感恩的三到五件事情。你可以选择一天中的某个时间来专门做这件事，也可以在旅行途中、让人昏昏欲睡的会议期间或者随时有空闲时间的时候列这份感恩清单。

虽然有时人们把开列感恩清单称作写感恩日记，不过你不必真的拿一个日记本来写。愿意的话，你可以在手机里创建一个普普通通的文件，然后每天往里补充内容即可。你也可以下载一些感恩清单应用程序，这样每天写感恩日记会更容易一些。这些程序大多是免费的，一般都要设置密码进行保护，以防有人偷窥你的清单；它还有一个通知功能，可以提醒你每天补充感恩清单，一直到写感恩日记成为日常习惯为止。

你的感恩清单应该写些什么呢？为了更好地理解什么是感恩，首先要明白什么不是感恩。感恩不是将自己与别人相比较。觉得别人没有自己富有、能干或好看，或者觉得别人就是比自己过得差，这不是感恩。事实上，这种心态会让自己盲目自大、自恃清高。感恩也不是对自己的个人成就如数家珍、得意自满，虽然有所成就确实值得庆祝。

感恩针对的是自己以外的另一个对象。这个对象通常是你的世界里能让你的生活更加美好、幸运或有意义的人物或事物。这些人物和事物包罗万象，可以是美丽的日落景象、一顿可口的饭菜、陌生人的微笑、同事亲友的帮助等，不一而足。

承认自己以往的成功

如果你对自己的能力没有积极的评价，就很难积极地看待事情。这时就需要培养你的自我效能感。自我效能感是一种你可以掌控自己的生活、把握事情的结果的基本信念。虽然你的自我效能感大部分在孩提时就已形成，但贯穿你整个人生的各种事件会增强或削弱这种感觉。可以想见，你掌握的每个新技能和取得的每次新成绩都会提高你的自我效能感。同样的道理，失败或挫折则会削弱自我效能感，不过并非一定如此。从你对待困难任务的态度就可以快速判断出你的自我效能水平。自我效能感较强的人会将这些任务视为挑战而兴致勃勃，而自我效能感较弱的人更有可能将这些任务视为威胁而惴惴不安。

将困难的任务视为挑战而非威胁会对你的生活和情绪产生巨大的影响。这种态度可以减小压力，降低抑郁感，并产生屡创佳绩的连锁反应。如果你能够列举出自己曾经获得的一连串切实的成功，便可以形成稳固的积极态度，不再轻易知难而退。

但是，如果你目前没有这样一连串可以引以为豪的成功经历，又该怎样呢？这时你可以借助两种方法来培养始终积极地看待自己的生活和行为的态度。第一，每当你犯了一个错误时，无论错误大小，都把这次错误视为暂时的失误，提醒自己下次会做得更好。这是乐观主义者对待挫折的态度。第二，每当你遭遇了一次失败时，就把这次失败看作一时疏忽所致，而不是跨不过去的坎。乐观主义者将每一次挫折都当作暂时的磕绊，不久就抛之脑后，转而继续做下一件事情。

斯坦福大学心理学家阿尔伯特·班杜拉是率先对这个领域进行研究的学者之一，他指出可以决定自我效能水平的 4 个关键因素是成功经验、社会榜样、社会舆论和心理反应。每个因素都可以体现为一个可以增强你觉得自己能成功的信念的具体行动。

1. 借鉴过去的成功经历。你可以把过去的成功经历当作克服当前困难的跳板。眼前的困难也许更大，但既然你以往克服过类似的困难，你便可以从中汲取力量，将这一记忆化为动力，激励自己克服这次的困难。

2. 发现自己与同辈相比的优势。想想你身边的其他人面临类似困难时的表现，告诉自己："如果那个人都能做到，我也可以！"虽然这么想可能有点刻薄，不过关键要有这股劲头才能为自己加油打气。

3. 赢得某个你尊重的人的支持。如果有合适的人给予你恰当的鼓励，往往可以消除你挥之不去的自我怀疑感。熟悉你能力的值得信赖的导师、亲属或朋友最适合担任这个角色。你要找一个像优秀的体育教练一样可以激励你前行并始终支持你的人。

4. 如果你感觉很好，那你就可以做到。你对困难的大小和自己能否战胜困难的判断可能会受到情绪的影响。例如，长期缺乏休息或放松可能会影响你的情绪状态、身体反应和压力水平。乐观主义者通常身体健康，休息充足。良好的情绪可以神奇地将大事化小、小事化了，效果非常惊人。

克服冒牌货综合征

一位世界顶级跨国专业服务公司的执行董事有一次回忆起自己曾经自言自语说："你在这里做什么？你觉得自己在做什么？你迟早会露馅的。"这样的喃喃自语听起来十分奇怪，不过现代社会里有相当多的人（其中不少人还声名赫赫、成就斐然）从心底里就觉得自己徒有虚名，配不上已取得的成功。长期怀有这种感觉的人不乏企业领导者、最高法院法官和奥斯卡获奖女演员。

虽然所谓的冒牌货综合征还不是一个确凿的诊断，不过心理学家普遍认为这是一种伴随着焦虑、时常还有抑郁的心智上的自我怀疑。我们大家难免都会有这种感觉。研究人员认为高达 70% 的人在人生中的某个时刻都体验过冒牌货综合征的痛苦。

谁会患上冒牌货综合征呢？觉得自己是冒牌货的人并不是游手好闲的懒鬼或软弱无能的废物。恰恰相反，他们通常都是积极上进、出类拔萃的强者，却觉得自己获得的许多荣誉好像受之有愧，不敢领受。他们因此反而更加关注自己还没有实现的事情。亚特兰大心理学家苏珊·艾姆斯博士与临床心理学家玻琳·罗斯·柯兰思博士共同提出了冒牌货现象理论，他们认为许多经历过冒牌货综合征的成年人都是在强调个人应该追求非凡成就的家庭中长大的，因此成就与他们的整体自我评价密不可分。

为什么会出现冒牌货综合征？造成冒牌货综合征的一个可能的原因是：经验丰富的领导者经常依靠自己的专家直觉来做最好的决定（见第 5 章），而这些明智的选择在有意识的大脑区域中几乎没有留下痕迹，因此事后更难回忆起来。回忆不起来自己如何做决定的焦虑会激活杏仁核，干扰做出有意识的理性决定的能力，从而增强了力不从心的感觉。

所以，如果你有时觉得自己莫名其妙就成功了，这并不意味着你的成功名不副实。恰恰相反，这很可能表明你能够无意识地执行重要的决定，而这正是专家而不是冒牌货的特征。

不同性别的人罹患冒牌货综合征的概率有差异吗？最初探讨冒牌货现象的心理学家原本的结论是：这个现象在女性中更常见。一项针对 150 名高绩效职业女性的研究发现，许多人觉得自己来之不易的成功大多不过是天时地利的结果而已。患有冒牌货综合征的人可能会让你惊诧不已。美国最高法院法官索尼娅·索托马约尔曾经坦言："我总是默默地回首过去，想知道自己身居如此高位是否称职。"曾经获过一次奥斯卡奖、一次艾美奖、一次格莱美奖、四次金球奖以及无数次提名奖的英国女演员凯特·温斯莱特也曾经描述过她的自我怀疑："有时我在早上醒来去拍片之前心里会想，我拍不下去了，我是个冒牌货。"

尽管一些优秀的女性都坦承自己患过冒牌货综合征，不过最近的研究明确表明，男性也不能幸免。这些人之所以觉得自己像个冒牌货，一个关键因素大概是缘于觉得自己在某方面与大多数同辈人不同。玻琳·罗斯·柯兰思博士与苏珊·艾姆斯博士认为少数族裔更容易患上这种综合征。亚裔美国人比非裔美国人和拉丁裔美国人更可能产生冒牌货的感觉。尽管如此，一项研究发现，非裔美国女大学生中居然有 93% 的人都患有冒牌货综合征。

虽然女性和男性都会产生自我怀疑，但是两类人处理自我怀疑的方式似乎明显不同。女性会把不安全感转化为证明自己实力的动力，而男性更有可能回避进一步的竞争，因为害怕继续竞争会让自己感到更加脆弱，也怕把自己心目中的弱点暴露给外界。

“冒牌货”心里是怎么想的？不难理解，担心自己是冒牌货的人往往情绪更多变，更不自信，也更容易遭受绩效焦虑的折磨。患有冒牌货综合征的人受到他人称赞或奖赏时，总觉得自己名不副实，担当不起。

冒牌货综合征患者如果取得一项新的成绩，不但焦虑不会因此减轻几分，反而还会更加忐忑不安，因为随着利益得失越来越大，害怕别人揭露自己是骗子的无端担心也在不断加剧。而如果出于某种原因他们的成绩没有引起别人关注，心里反而会暗自庆幸。

完美主义在冒牌货综合征患者中也很常见，他们凡事很少求助于人，总觉得任何事情都必须做得尽善尽美。从某些方面看，冒牌货综合征其实体现了一个人的内在动机。如果你是为了自己而非他人设定的目标而努力，当你无法达到自己的严格标准时，就会迅速成为自己最无情的敌人。

冒牌货综合征的意外好处。当然，这种让人心烦意乱的不安全感并非毫无益处。正因为心虚，所以才会不断进取。另外，无数的研究都表明了人们常常极大地高估自己的能力，心虚恰好有利于防止自己过于自信。

克服冒牌货综合征。对于那些真心感觉自己是冒牌货的人，他们可以采取一些方法来克服这种可能让人意志越来越消沉的情绪失调。

坦然接受。克服冒牌货综合征的第一步是自我接受。自我接受指的就是承认这种情绪的存在，承认这种情绪是你个性的一部分。分析生物学家罗莎琳·朗－沃克博士自己就经受过自我怀疑的折磨，她认为承认冒牌货综合征的存在就是克服这种综合症的秘诀，她说："一旦你承认了自己有这种综合征，你就可以克服这种综合征。你可以对自己说：'我能撑到今天说明我很了不起。'"

列清单。艾姆斯博士建议写下你擅长的事情以及需要加强的方面。列清单可以让你清楚自己已经取得了多少成绩并欣慰地发现自己的长处。

不要比较。不要再拿自己和别人比较了。比较总是主观臆断，鲜少准确，而且基本上没有任何好处。你要明白有些人貌似更自信，其实不过是掩饰得更好而已，他们私底下说不定自我怀疑程度和你一样强烈或者更严重呢。

听取他人的意见。如果你对自己要求严苛，可以参考一下外界的评价，如升职、奖赏以及上司和同事的反馈等，借此对自己的实际能力做出更可靠的评判。记住，研究表明我们对自己能力的评估总是有失公允。

积极进取。不要让苛刻的自我判断阻碍你不断提升并挖掘自己能力的步伐。你不用降低自己的标准，只要设定一些可以让你感觉稍稍有点压力而又不至于完全力不从心的现实目标即可。如果你设定的目标有最终落空且颜面尽失的风险，自然容易失去前进的勇气。

不要缄口不言。如果你正遭受自我怀疑的困扰，不要保持沉默，可以同可信任的人聊聊你的感受。你经常会发觉，自己把不安全感说出口以后心情就明朗了，你会发现其实大多数担忧都是无端夸大甚至毫无来由的庸人自扰。

寻找一位人生导师。别人的支持和教导有助于消除你的冒牌货心理。结交一位即便在你自己都可能不相信自己的时候依然真心相信你的榜样或知音。

当别人的人生导师。同资历较浅的同事一起共事可以帮助你了解自己已经取得的成绩，知道自己有多少宝贵的知识可以传授给他人。

表示感谢。即便你心里不以为然，也不要排斥或冷落称赞你的人。不接受别人衷心的赞美可能貌似谦虚，但有时可能会显得对他人的判断和感受有失尊重。另一方面，大方地接受别人的赞美对双方都有好处。

庆祝。当你取得了一个小小的阶段性成果时，花点时间表扬一下自己，承认自己的成功，然后迎接下一个挑战。如果成果较大，专门留些时间做点特别的事情来犒劳自己。

利用认知柔术

严格来说，压力并不是你的敌人。你应对压力的方式才是关键之所在。你可以把原本令人消沉的消极压力转变为令人振作的积极动力。心理学家针对一群加拿大年轻男士做的一项研究证明了这一点。

按照心理学家的要求，这群男士从位于加拿大不列颠哥伦比亚省北温哥华的卡皮拉诺河上方的一座摇摇晃晃的木制悬索桥上走过，他们走的时候手心冒汗、心跳加快，还表现出了一系列与压力水平上升相关的其他典型症状。这股压力的来源显而易见，因为走过悬索桥既刺激又恐怖。可是每个人走到桥的另一边的时候，有趣的事情发生了。桥的另一边有一位年轻貌美的女研究人员手里拿着带弹簧夹的笔记板等着他，让他做一个简短的测试。这位美女的存在使得一半的男士突然改变了对自己处境的判断，错误地认为自己之所以感觉紧张是因为对这位美女心生爱慕，而不是因为害怕过这座晃荡不稳的悬索桥时不小心坠落。

心理学家将这种现象称为“压力的错误归因”。这个实验除了证明了对男性性欲的原有认识以外，还揭示了压力是怎么起作用的。压力起作用时并不是一次连续的反应，而是表现为两个独立的阶段，每个阶段由不同的大脑功能掌控。我们强大而原始的边缘系统会在压力的刺激下自动激活，而负责分析数据的是更文明的大脑部位。我们的潜意识区域会率先迅速、本能地做出反应，而速度较慢的有意识区域随后才对这种反应进行诠释，两者之间有一个时滞。利用这个短暂的时滞就可以有效地调节情绪，消除压力带来的痛苦。重要的不是压力反应本身，而是你对这种反应的反应。这就是我们所谓的认知柔术派上用场的地方。

情绪调节如同武术

日本柔术蕴含着一个简单而强大的理念：面对一个更强的对手时，如果你想在力量上战胜他，基本上肯定会失败，但是如果你能想办法抵消对手的力量或借助这股力量反过来对付他，你获胜的机会就很大。

我们认识的一家公司的门卫就深谙柔术之道。他在当地格斗俱乐部学柔术，实力名列前茅。有一回教练让他与一个队友对决，这个队友的力量与他相当，不过脑袋可能没他聪明。

这个门卫仔细审度了一下双方的实力，心知如果要打败对手，不能强攻，只能智取。好在柔术允许使用各种非正统的招数，两个人扭打在一起时，门卫突然亲了一下对手的嘴巴。对手被他的这个动作吓了一跳，双手猛地一松，门卫于是利用对方这一瞬间的松懈把他摔在了垫子上。虽然这个亲吻的动作不属于名门正派的武术招数，可绝对是一个别出心裁、出奇制胜的柔术动作。

柔术的原则原本只关乎两个势均力敌的格斗对手，不过也可以用来形容大脑中两个针锋相对的区域。情绪调节就是强大的边缘系统和更为弱小但更聪明的前额叶皮层之间的角力。如果你想通过正面反击来消解压力，势必难以如愿。虽然如此，我们许多人依旧想通过压制压力来与之抗衡，心理学家称这种方法为抑制。

为什么抑制不起作用

我们的社会总是过分褒扬咬紧牙关、坚强不屈的行为。遗憾的是，压抑情绪不仅不起作用，反而对你和周围的人都有弊无利。

如果你在开会的时候努力抑制压力，这种抑制对大脑管理功能的影响有时非常有害，可能比干脆不去开会更加糟糕。虽然你在心里默默地夸奖自己没有“失态”，可是你的创新能力、计划能力和记忆能力都受到了损害。抑制虽然不动声色，但是会暗中为害，因为这种行为对思维的损害基本上是不知不觉的。表面上一切太平是因为原本会警告你事态严重的大脑区域其实已经被关闭了。

更糟糕的是，即便你可能没有意识到你现在状态欠佳这一事实，你周围的人经常能够明显地感觉到这一点，即使也只是无意识地感觉到。一项研究发现，有人在抑制压力时，他周围人的血压就会升高。压抑你的压力有点像怀里藏了一件武器，其他人通常可以感觉到你藏了东西，他们的威胁回路就会因此被激活。

最终，抑制住的压力可能会猝不及防地重新出现。抑制压力要消耗很多能量，当你的前额叶皮层中的能量耗尽的时候，你竭力压抑住的东西往往率先反弹。比方说，如果你告诉自己“不要想一只大象”，可越是提醒自己不要想，大象的形象越是挥之不去。抑制压力也与此同理，你越是刻意努力不去想某个东西，你越是忍不住去想它。

抑制压力往往徒劳无功，转移压力反而更加有效，这就是认知柔术的要旨所在。认知柔术的两个秘密武器就是贴标签和重新评价。

贴标签：给压力取个名子就可以让压力消失

顾名思义，贴标签就是给你的情绪反应一个名称或解释。举个例子，如果你马上要在会议上做一场汇报，心里觉得紧张，那就把紧张的感觉述诸笔端，用文字来承认这些感觉（不一定要让别人知道，自己明白即可）。你肯定希望自己在开会的时候能全情投入，如果感到紧张或不安，你就是在任由原始大脑来掌控你的状态，而贴标签可以帮助你夺回控制权。

耐人寻味的是，很多人选择抑制而非承认自己的情绪是因为他们觉得承认压力只会使事情更糟。他们害怕如果给情绪贴了标签，就会失去对情绪的控制。事实上，情况恰恰相反。研究表明，给压力的来源贴标签实际上削弱了“反击或逃避反应”的主要来源杏仁核的活跃度。

在加州大学洛杉矶分校心理学家马修·利伯曼做的一项研究中，30 个人观看了带有不同情绪表情的人脸图片。每张脸的图片下面有诸如“愤怒、可怕”这样的两个词语或“哈里、莎莉”这样的两个名字。不管是表示情绪的词语还是名字，受试者都要给图片选择一个适当的标签。结果发现，需要给图片贴上情绪标签的受试者杏仁核的反应降低了，而需要给图片贴上名字标签的受试者杏仁核的反应没有降低。

从某种意义上而言，贴标签是一种隐性的自我控制，因此贴标签也是一种认知柔术。这时你抵抗情绪的方式是把情绪的能量转移到了别的地方而不是直接与之正面交锋。《超常发挥》一书的作者、芝加哥大学心理学家西恩·贝洛克认为：“阻止大脑情绪中心过度反应不是单纯地了解情绪，而是将这些情绪用语言表达出来。”

归根结底，贴标签有一种宣泄的作用。贴标签的时候你没有压抑紧张的情绪，而是以不妨碍周围人的方式将其释放出来。

贴标签不仅可以消解压力，还可以发挥正念的作用，而正念如我们下一章所述，可以用于提高长期的专注能力。承认自己的情绪，你就提高了自我意识。感到焦虑、愤怒或压力过大时，给这些情绪留一些腾挪的空间，你就不会崩溃。当然，同多数行之有效的技能一样，贴标签也需要练习才能掌握。如果贴标签没有马上见效，则不要放弃。你识别和标记情绪的能力会随着时间的推移不断增强。而随着你的能力不断提高，自我意识增强带来的力量和好处也会不断增加。

重新评价：把柠檬化为柠檬水

有人利用认知重评缓解了压力，有人甚至因此彻底改变了人生轨迹。这样的例子不计其数，有的鲜为人知，有的众所周知。当然，请不要误会，这些人可不是逃避现实的人。他们都是普普通通的人，遇到了我们都会面临的许多压力、负担、苦难和挫折（某些人的际遇更凄惨），可仍然找到了一种以更积极的心态重新诠释这些逆境的方法。这种方法的精髓可以归结为一句谚语：“如果生活给了你一个酸涩的柠檬，就把柠檬做成爽口的柠檬水来喝吧。”心理学家对这种方法的称呼显然没有这么生动，他们称之为认知重新评价，或简称认知重评。

你的边缘系统对其认为属于潜在威胁的任何事物都会做出本能的、迅速的无意识反应，无论这个事物是否真的称得上是威胁。威胁反应一旦激活，你根本束手无策，至少没有办法马上扭转乾坤。你切实能做的就是改变你对这种反应的诠释。这就是认知重新评价的实质。

大脑的边缘系统做出反应和管理功能对这种反应进行诠释之间的时间间隔非常短暂，不过这个短暂的间隔大有用处，可以让你进行情绪调节。即便如此，情绪调节也并非万无一失。你可能没办法每次都能在一瞬之间转移你自己或他人的情绪，不过如果你能自觉自律，多训练自己的大脑，那么你调节情绪的能力就会随着时间的推移不断改善，这样你就能更好地控制并维持专注力。这便是下一章的主题。

第2章小结

思维与情绪。两个主要的大脑区域时刻都在争夺控制权。前额叶皮层是理性的“思考部位”，而边缘系统则是情感处理中心。这两个区域相互竞争，边缘系统总是胜者。

威胁与奖赏。边缘系统内部有两个非常原始的基本反应：威胁和奖赏。当你处于威胁状态时，前额叶皮层就会暂时关闭。当你处于奖赏状态时，思维能力则得到加强。

情绪恢复能力。要对抗压力带来的潜在危害，你必须饮食得当，运动规律，睡眠充足。

改变身体，改变思想。情绪调节有两条途径：改变你的思维模式和改变你对压力的反应。

假装久了便可成真。虽然大脑驱使着身体，其实身体也影响着大脑。如果你摆出自信的姿势或露出满意的微笑，你的大脑通常会把这种假装的情绪变成真实的反应。

不要忘记说谢谢。研究已经表明，每天花点时间心怀感念可以将你的幸福基准值提高达25%。

利用认知柔术。应对压力最好的办法就是像老练的武术高手对付对手一样去对待压力。不要直接对抗压力，而是通过贴标签或认知重评以有利于自己的方式将压力转移至别处。

给压力取个名子便可。发生压力反应时，通常只需要给压力贴个标签就可以暂时制服边缘系统，让理性的大脑恢复控制能力。

化柠檬为柠檬水。威胁可以转化为令人振奋的挑战，突如其来的挫折也可能创造出意想不到的机会。你可以通过认知重评有效地改变大脑和身体处理紧张状况的方式。

第 3 章
增强你的专注力

掌控局面，专注于重点，摒除杂念。

2012 年 4 月，44 岁的迪恩·波特沿着一条称为松线式索道的抖抖索索的尼龙钢索走了 40 米，穿越了雄伟壮观的中国恩施大峡谷，用时只有短短的两分多钟。钢索距谷底的距离超过了 1600 米。

另一位高空表演艺术家菲利普·帕蒂曾于 1974 年穿越了横跨纽约世贸中心双子塔的一条钢索，轰动一时。而迪恩·波特与之不同的是：他横穿恩施大峡谷的时候没有借助平衡杆和安全带。他赤手空拳完成高空壮举凭借的是我们时常都有的状态：无与伦比的专注。我们每个人经过练习都可以进入心无旁骛、专心致志的境界，从而提高绩效，取得非凡的成绩。

房间里的大猩猩

1999 年，心理学家克里斯托弗·查布里斯和丹尼尔·西蒙斯拍摄了一部短片，短片里两组学生一边来回对传两个篮球一边绕着圆圈迂回前进。其中的一半学生穿白色 T 恤，另一半穿黑色 T 恤。穿白色 T 恤的学生在他们之间来回对传篮球，穿黑色 T 恤的学生亦然。

短片拍摄剪辑完毕之后，这些学生还要完成一项简单的任务：在心里默数穿白色 T 恤的那一组学生传球的次数。

按照心理学实验的惯例，安排受试者完成的任务往往只是一个托词，查布里斯和西蒙斯真正想测试的并不是学生计算传球次数的能力。短片拍摄约 20 秒的时候，有个大猩猩装扮的学生径直走到了传球学生的中间，停下脚步，双手捶胸一番，然后走出了拍摄镜头。

学生算完传球次数之后，心理学家首先问他们有没有注意到短片里有异常，接着又问他们有没有注意到除了传球的学生以外还有其他人，最后再问两次都回答没有的学生有没有注意到大猩猩。什么？！大约有一半的学生（多数为了算传球次数都只顾专心看短片）听到这个问题时都目瞪口呆，难以置信。他们根本没有发现有个大猩猩装扮的学生走进房间。

听人描述大猩猩实验或者亲自做一下这个实验，结果往往让人惊诧不已，甚至心有余悸。“我怎么居然没有注意到异样呢？”人们会百思不得其解。虽然如此，除了特殊情况，这种忽略大猩猩的能力实际上是一个优点。忽略大猩猩说明即便有明显的干扰，你依旧能够专注于重要的事情。

灯突然亮了

我们的一场研讨会上也发生了类似的现象。一天下午接近傍晚时分，我们和听众都坐在一个小会议室里。主持人站在会议室的前方，离他几英尺开外有一盏落地灯。天色渐晚，会议室里越来越暗，他便伸手去开灯。不过他发现灯坏了，于是一秒也没耽搁，继续开会，任凭房间里越来越暗。

大约 10 分钟之后，灯突然亮了。“真是神奇啊！”主持人说道。他发现灯居然又好了，露出了诧异的神情。许多听众听了这话开怀大笑。主持人还在纳闷，听众中有人解开了他的困惑。原来刚才会议中心的一名电工进来了，就站在离他几英尺的地方把灯修好了，而他对此浑然不觉。虽然修灯的工作人员并没有打扮成大猩猩，但主持人一心只盯着听众，光顾着说话，根本没有注意到修灯的一幕。

心理学实验中的受试者发现自己居然没有注意到大猩猩时满心惊讶，说明我们的注意力往往有所偏重，无法面面俱到。所以，如果你觉得自己可以一心两用、互不干扰，其实你不仅想错了，而且错得情有可原。你的大脑负荷太多，根本就注意不到干扰，而注意不到的干扰实际上就是房间里的大猩猩。

根据认知重评原理（见第2章），忽略房间里的大猩猩有一个好处。在前述的两种情况中，大猩猩和电工会被忽略是因为二者基本上与当事人无关。当然，以电工修灯为例，你也可以说电工其实和主持人有点关系，因为他把灯修好了以后会议室才会亮堂起来。不过，即便主持人盯着电工看，他修灯的速度也不会因此加快，就像你坐地铁的时候满心期待地盯着铁轨看，地铁也不会更快到达站点一样。主持人具备了足够的经验和认知把控能力，可以摒除杂念，只关注会议室里最重要的东西，从而能够聚精会神、心无旁骛。在灯亮之前，他根本就没有去注意那盏灯，而只有在灯亮的那一刻，灯才和他有关。

人们心中历来有一个心不在焉的教授形象，这样的教授在专心研究时常常三心二意、丢三落四。其实了解到注意力有所取舍之后，我们便知道这样的刻板印象值得商榷。外人通常认为教授顾此失彼是分心所致，其实这恰恰是专心的表现！所谓的分心其实是无法事事兼顾，而这正是专注于一件事情的标志。你的大脑调遣了几乎所有的资源来解决一个具体问题，并刻意且高效地摒除了与手头上的事情无关的任何刺激。极度专注非但不是缺点，反而是优点。这种状态奇妙地展示了理性大脑的力量，是注意力高度集中的成功之举。（当然我们也承认，如果你刚好是教授的夫人，那他“专心治学、无心其他”的德性有时也挺讨人厌的！）

了解专注

细想一下，人们居然可以专注于一件事情，其实是挺不可思议的。比方说，你可能觉得自己正在读这本书，可事实上你的周围有几十种其他刺激都在同时争夺你的注意力，其中有声音、气味，还有你现在身处的这个房间里所有物品带来的各种视觉刺激，此外还有你的各种感觉，如天气是太热还是太冷，鞋子合不合脚，翻动书页时指尖接触纸张时的感觉如何，电子阅读器拿在手里重不重，等等。

大脑里的两种不同机制共同起作用，你才能专心读这本书。一个机制增强了专注的对象（这本书），另一个机制则抑制了你想忽略的其他信号。负责对这些信号进行逐一增强或减弱的便是前额叶皮层。

专注始于前额叶皮层

如果你和我们大多数人一样的话，你能担任现在的职位主要是因为你的前额叶皮层。事实上，如果不是你的前额叶皮层功能出色，你估计成不了企业高管，因为前额叶皮层是决定智商的大脑部位。

前额叶皮层负责理性处理，掌管着大脑的“管理功能”，如推理思考、制定策略、解决问题等。前额叶皮层也是工作记忆的所在地，而工作记忆与暂时存放所处理的新信息有关。从进化的角度来看，前额叶皮层是大脑中最晚出现的部分，大约50万年前才进化完全，也是我们区别于大多数动物的大脑区域。

有趣的是，前额叶皮层也是我们成长过程中最后才发育成熟的一个大脑部位。事实上，有些人直到二十多岁这个部位才发育完全。如果你的孩子恰逢青春期，孩子大脑的理性处理能力也很迟才发育成熟，想必你对此深有感触吧！

一般来说，我们谈到思考时就会想到前额叶皮层。出生于德国的神经科学家阿恩·迪特里希解释说："前额叶皮层是我们把简单的想法加工成复杂思想的地方。"前额叶皮层尺寸较小，但耗能很多，就像一辆油耗和凯迪拉克埃尔多拉多差不多的迷你库珀。

前额叶皮层虽然尺寸不大，但职责不少，可以帮助你权衡利弊，想出一个出色的战略计划，可以在你吃午餐的过程中犹豫着要不要再点一杯葡萄酒时做出决定，还负责计划和决策之类的高阶思维，最后还有专注，即心理学家通常所谓的注意力。

注意力的成分

当前额叶皮层里的神经递质、激素等身体释放的化学物质含量和比例适当时，就会产生注意力。其中有几种物质都是大家耳熟能详的。自然，最佳绩效三要素（多巴胺、去甲肾上腺素和乙酰胆碱）也是形成注意力的化学成分。去甲肾上腺素时刻关注着任何非同寻常的动向，每当有什么事物吸引你的注意时，乙酰胆碱就会锁定这个事物的位置和身份，而多巴胺则会帮助你决定该如何处理这个事物。遗憾的是，多巴胺和去甲肾上腺素就像谍战片里的双面间谍一样，既可以增强你的注意力，也可能破坏你的注意力。

如果你的多巴胺水平上升，你获得奖赏的效果就会驱动你继续做手上的事情以获得更多的多巴胺，你就会因此变得很专注。如果你的注意力涣散了（无论出于什么原因），你变化无常的大脑就会开始寻找能再次触发多巴胺释放的其他体验。换言之，原本让你专注的神经递质也可能成为你随后分心的罪魁祸首。

去甲肾上腺素也同样变化莫测，虽然可以吸引你的注意力，却不能帮助你保持专注状态。任何潜在的威胁（包括一项具有挑战性的任务）都会让你无比专注，在3种经典策略（反击、逃避和按兵不动）当中做出决定，但这种反应非常迅速，并不持久。如果你没有采取行动，多巴胺和去甲肾上腺素都会驱动你继续寻找下一个让你分心的事物。

排除干扰

从许多方面来看，大脑都可以看作一个干扰探测器。虽然出于求生本能的影响，大脑会注意到你周遭环境发生的任何变化（无论是内部的还是外部的），但是大脑天然地对新鲜的刺激更加关注，而这种天然倾向可能会损害你的专注力。一项颇有影响的研究表明，受试者差不多有 50% 的时间都无法专注于手头上的任务。

大脑的边缘系统负责处理干扰，对潜在的威胁和奖赏（无论是真实的还是想象的）做出响应。前额叶皮层比大脑的其他部位反应更慢、更弱，需要耗费的资源也更多。

增强专注的最好办法就是消除破坏专注的因素，培养有利于专注的能力。有意识地努力抑制干扰似乎是一种积极主动的方法，但这样往往会激发更强大的边缘系统，因此刻意的抑制几乎不起作用，反而适得其反，消耗原本可以用于专注的有限的认知资源。

最好的做法不是忽略干扰，而是尽量减少干扰或消除干扰。此外，一心多用也会使人更加难以保持专注，导致工作效率降低。一心多用虽然貌似效率很高，实则与专注背道而驰。这是因为令人分神的景象、声音和气味通常是你无法控制的干扰，而一心多用与之不同，是一种心甘情愿的分心，你刻意地将脑力分配给不同的事情，而不是专注于一件事情。

> 一心多用与专注背道而驰。

尽量不要一心多用

大脑和计算机之间可以做各种形形色色的比较，十分有意思。想想看，你脑袋里的这个器官只是比你办公桌上的笔记本电脑更古老、更黏糊的一种电脑而已，这个比喻很有趣。有趣归有趣，可惜并不正确。有些人可能不相信，不过我们的大脑确实不是电脑。在多数情况下，大脑远远优于电脑，不过有一个方面电脑绝对胜过大脑，那便是多重任务处理，即我们所谓的一心多用。多重任务处理最初是一个计算机术语，用于描述可以同时运行多个应用程序的操作系统。因为我们有大量的时间都在使用计算机，多重任务处理这个词就从计算机世界渗透到了人类世界，用来形容我们总想同时做好几件事情的状态，相当贴切。这么套用未尝不可，只不过有个小问题，我们实际上没有办法同时处理多重任务。

多重任务处理的神话

虽然几乎每个人都认识一个好像可以娴熟地同时处理多重任务的人，可多数多重任务处理不过是同一时间里大脑的不同部位各自负责不同的活动而已。严格地说，这并不是多重任务处理。毕竟，我们可以一边呼吸一边保持心跳并不是什么值得炫耀的能力。我们讨论多重任务处理时指的是前额叶皮层中的活动，这是负责大多数计划、思考和推理的大脑区域。在前额叶皮层里其实不可能出现真正的多重任务处理。笼统地看，大脑内部的各个部位确实各司其职、并行不悖，不过前额叶皮层却有点笨拙，无法做到一边走路一边嚼口香糖。你以为自己在处理多重任务的时候，其实你在做的可能是连续任务切换，即注意力在多项活动之间快速地来回切换。有时切换速度很快，你会真的感觉自己在同时执行两个任务。这种迅速的注意力转换需要付出相当大的代价。

多重任务处理的真正代价

每当你从一个活动转换到另一个活动的时候，如从写演示文稿转换到查阅电子邮件，你的大脑就经历了一个包含 4 个步骤的过程。无论你转移注意力的速度有多快，都没区别，基本上经历的过程都一样。首先，血液冲到前额叶皮层，让大脑的其余部位知道你要开始写演示文稿了。这条针对大脑各个部位的“全境通告”分为两步：先搜索执行某项具体任务需要的神经元，犹如一位老西部警长征聘当地居民组建民防团一样，然后通知这些神经元有项任务需要它们效力。这些神经元（其中大多数都可以参与各种任务）就临时参与到你写演示文稿的过程中来。整个搜索和通知过程速度很快，不过仍然需要十分之几秒。接着，你决定不写演示文稿了，改去查阅电子邮件，你的大脑必须先脱离当前的任务，再开始下一个任务。这个过程虽然很快，但其实并不够快，我们很快就会明白这一点。最后一步与第一步相同，只是这一次的前额叶皮层并不是告诉大脑你打算写演示文稿，而是通知大脑你准备查阅电子邮件了。这样的过程也需要十分之几秒。

从一个任务切换到另一个任务的整个过程需要大约半秒的时间。半秒钟貌似不长，可你要知道，每次切换任务的时候都要重复这个过程，积少成多，许许多多的半秒会快速累加起来，耗费的时间总量可不少。更重要的是，每次切换任务时，在某种程度上你都要重新开始这项任务。如果把多重任务处理当作一款商品来拍广告，广告词估计会是：“我刚刚做到哪儿了？”

如果你觉得切换一次任务浪费半秒无所谓，切换任务后要不断重新开始也不要紧，那么看看下面的统计数据，你就不会这么无动于衷了。

- 执行一项任务时如果被打断，那么完成这项任务所需的时间大约会增加 50%，同时错误率会上升 50%。
- 加州大学尔湾分校的研究人员发现，尽管从一个任务切换到另一个任务后再切换回来只需几秒的时间，但是即便只是短暂地中断了一下，也需要平均 23 分钟的时间才能完全恢复到原来的工作状态。
- 不停地发短信或查收邮件（处理多重任务的人经常做的事情）会暂时令你的智商降低 15 分。[1]
- 学术研究发现，我们多数人工作时平均每 3 分钟就会被打断或自行中断一次！

诚然，有些中断是不可避免的，但是处理多重任务时中断任务纯粹是刻意为之，并非偶然，这就是问题所在。你为什么要故意降低你的效率，故意增加犯错的概率，故意让自己变傻呢？现在你读了这些数据，估计以后就不

[1] 鉴于智商测试实质上是衡量你使用前额叶皮层的能力，如果有刺激霸占了这个相对狭小的区域，就会削弱这种能力。研究表明，如果你在分心的时候进行智商测试，分数会降低。虽然这并不是说一心多用会让你一直变傻，但会让你一时变傻！

会再同时处理多重任务了。停止多重任务处理不仅是明智之举，甚至可以拯救你的生命。

多重任务处理可能置人于死地

2008 年，洛杉矶的一列通勤列车与一列货运列车相撞，造成 25 名乘客死亡，其中包括当时正在发短信而没有注意到红色信号的通勤列车司机。

这位司机收到最后一条短信是在两车相撞前大约 80 秒的时候。

很多人现在认识到了开车时打电话或发短信很危险，因此放下手机，改用免提设备，以为这样就万事大吉了，其实不然。开车时打电话的主要问题不在于用手拿手机，而在于手机里传递的社交信息。堪萨斯大学交通研究所的心理学家保罗·阿奇利表示："你的大脑很难忽视社交信息。"社交信息在大脑里会得到高优先级处理。如果你收到社交信息时碰巧另一辆车出乎意料地变道到你的车道上，可能就会酿成悲剧。当然，大多数开车时用手机的人不会发生意外。不过，凡事只怕万一。

为什么会有人冒这样的风险呢？可能多重任务处理的魅力太大了。即便事实上多重任务处理反而效率低下，可是多重任务处理更有成效的神话依旧经久不衰。

多重任务处理往往适得其反

尽管我们的出发点是好的，但是多重任务处理实际上降低了工作成效，耗费的时间更多而非更少。正如《超人之崛起》的作者史蒂文·科特勒所言："我们随时随地都想着提高绩效，结果反而事与愿违。"多重任务处理让人犯错更多，压力更大，结果导致精神疲劳，最终乐趣尽失。

多重任务处理会损害你的大脑

多重任务处理不仅短期内毫无益处，从长远来看也贻害无穷。热衷于多重任务处理的人往往喜欢分心。长此以往，即便你没有处理多重任务，也会发现自己很难集中注意力；而且有证据表明多重任务处理使用了另外一种更加死板的记忆，可能会损害你创建和检索长期记忆的能力。此外，最近的一项研究表明，多重媒介任务处理（即同时使用多种媒介形式）可能减少前扣带回皮层里的灰质，而前扣带回皮层是与错误校验相关的大脑部位。

为什么我们依旧热衷于多重任务处理

既然证明多重任务处理有弊无利的证据越来越多，为什么我们仍然要一心多用呢？常见的解释是为了节省时间，提高效率。这种说辞表达出了我们的初衷，但结果往往南辕北辙。如前文所述，多重任务处理其实浪费了时间，降低了效率。如今我们多数人都知道这一点。我们已经读了无数探讨多重任务处理有很多危害和陷阱的文章，可我们依旧无视证据、一意孤行，这是为什么呢？

我们喜欢追求新鲜事物

这个问题的答案可能听来很熟悉：都是大脑的错。我们一心多用是因为我们的大脑总是热衷于追求新鲜事物。转念去注意让我们分心的事物会释放多巴胺。斯坦福大学心理学家罗素·波德拉克教授认为多巴胺虽然是一种让人“感觉良好”的神经递质，实际上更可能让人“欲罢不能”。因为多巴胺的作用，习惯会迅速成瘾。没有了多巴胺，我们就会觉得无聊。

归根结底，一心多用的根源是人类的求生本能。我们的祖先在做饭或盖房时，突然出现的潜在威胁会迅速将他们的注意力从这些从容的事务转移到紧迫的问题上去，如保全自己的性命。遗憾的是，收到电子邮件时的声音提醒和凶猛的狮子吼叫有同样的效果，都会让你的注意力迅速转移。你的大脑是一个干扰探测设备，而电子邮件程序或智能手机正是制造新鲜感令你分心的东西。这些干扰不像狮子来袭那么突然，而更像街机游戏“打地鼠”。玩这个游戏时，几排小洞里会不断冒出塑料老鼠，你用塑料槌敲到一只老鼠就可以得一分。这种经常性的干扰有双重坏处。电子邮件的提醒不仅会打断人的注意力，而且加州大学欧文分校的一项研究发现，这种提醒还会给人造成压力。我们听到电子邮件的提醒时刚开始可能会像圣诞节早上的孩子一样欢欣雀跃，可过不了多久，即便一有提醒就去查邮件，那种激动的感觉也消失殆尽了。虽然一心多用最初是因为追求新鲜事物，可同大多数上瘾的嗜好一样，从中获得的奖赏效果会随着时间的推移逐渐减少。

我们喜欢以别人为榜样

我们一心多用的另一个原因是有人为我们做榜样。这些人生楷模给人的印象是不仅事业有成，而且事业有成的原因正是擅长一心多用。我们大多数人都认识一个似乎可以一心多用的人。实际上，可以一心多用的“能力”常常让人顶礼膜拜。如果你有个上司或特别厉害的同事一直以来都喜欢一心多用，你会觉得他如此成功就是因为一心多用的缘故，其实他可能是克服了一心多用的弊病依旧取得了成功，而如果他能每次都专注于一件事，估计会更加成功。

我们觉得自己擅长一心多用

我们大多数人一心多用时都远远高估了自己的能耐。有人一边开车一边发短信，结果出事了。这样的事情屡见不鲜，你可能会百思不得其解：“他们究竟是怎么想的，怎么能一边开车一边还发短信呢？”答案很简单：他们以为一切都尽在掌握之中。

然而，一次又一次的研究都证明了他们这样的想法彻彻底底地错了，而且这样的错误有时要付出生命的代价。在最近的一项研究中，自认为擅长一心多用的人其实根本并不擅长。讽刺的是，经常一心多用的人在需要数管齐下的时候比平常不习惯一心多用而偶尔需要身兼数职的人表现得更差劲。斯坦福大学的一项研究发现，如果同时执行太多任务，反而更容易分心。主持斯坦福大学研究的克利福德·纳斯教授解释道，习惯一心多用的人“都喜欢三心二意、见异思迁”。

女性是否一样

每逢论及一心多用，大家都言之凿凿地说女性在这方面比男性更胜一筹。遗憾的是，和许多似是而非的说法一样，这种看法禁不起科学的考验。尽管流行杂志上登载的头版新闻天花乱坠地吹嘘女性擅长一心多用，可男性与女性到底孰优孰劣，根本没有定论。

然而，每次研讨会上总少不了有个别高管自豪地宣布：“我的妻子一心多用绝对比我强！”可俗话说得好：“奇闻异事堆砌得再多，终究不是科学数据。”

大家都认为女性比男性更擅长一心多用，其实这样的观点不但对女性有所误解，对一心多用的理解也有失偏颇。尽管几十年来女性的地位据说一直在提高，但有全职工作的女性通常还担负着大部分煮饭、做卫生和带孩子的责任。因此，你随便走进一户人家，看到的场景往往都是爸爸坐在沙发上看电视，而妈妈在厨房里一边做晚饭，一边打电话，一边给孩子系鞋带。

其实这样一心多用并不是妈妈自己愿意这么做，而且她同时兼顾几件事情也不是真正的一心多用。一心多用实际上是同时执行几项在前额叶皮层有限的空间里争夺地盘的活动。如果你每年只熨烫一件衣服，你就要依靠前额叶皮层来完成这项工作，因此你若一边熨衣服一边和人聊天，一不小心就容易把衣服熨焦了。而如果你习惯每个星期都要熨烫好几件衣服，那么熨衣服这件事情就会移交给前额叶皮层以外的大脑部位来完成。这样一来，一边干活一边聊天就容易多了。这种现象并不是女性独有的特质。男性如果熨衣服熨得很娴熟，也同样可以做到"一心多用"。

好在做习惯性的事情不太费神，而且使用的是大脑的其他部位（主要是基底神经节）。虽然妈妈们的生活不会因此变得更清闲，不过她们的前额叶皮层倒是能稍事休息，而且由于经常同时操持各种家务，不知不觉地就成了"一心多用"的高手。

尽管我们知道驾轻就熟并不是一心多用，但是需要在不同任务之间迅速切换时，女性确实具有特殊的本领。不过，我们还暂无定论，并不能肯定女性就比男性更胜一筹。此外，其他有关一心多用的实验表明，决定一心多用的因素可能是空间能力而非性别。最近在瑞典进行的两项测试男性和女性多重任务处理能力的实验中，男性实际上比女性表现得更好。研究结论认为，工作记忆和空间能力等管理功能是多重任务处理能力的决定性因素，只有空间能力受性别影响，而男性的空间能力优于女性。

保持专注的方法

如前所述，保持专注原本就不容易，一心多用就更难专注了。避免不被杂事干扰的最好方法依旧很简单：竭尽全力消除干扰，而不是刻意克制自己不要分心。同时，尽量确保自己专心做的事情就是最有意思、最有乐趣的刺激。

执行新任务之前要做好准备

在开始执行困难的任务之前，清醒一下头脑，减少内部干扰。从事特定活动之前，花点时间定一定心神，集中注意力。

从正在做的事情当中找到乐趣

调动一下情绪，这样更容易集中注意力。如果你的任务新鲜有趣，就不太可能去别处寻找刺激。如果你手头上的任务乏味枯燥，就想办法把任务变得有趣一些。

如果你参与的例会越来越令人不适，那就换个会议室，或换个座位。换个座位，换个会议室，甚或只是换个话题，都可以切切实实地让人耳目一新。如果会上的讨论毫无起色，鼓励大家站起来走动 30 秒，或者试试站在窗户旁边讨论下一个议题。一家非常成功的德国厨具公司决定将星期一上午的董事会例会从会议室搬到总部外面的郊野召开。他们一改往常围坐在会议桌旁的做法，而是一边悠闲地散步一边开会。散步让大家摆脱了工作环境里常见的干扰事物，激发了所有与会者的创造性。其中一位董事会成员表示，换场地开会的结果是满意度和效率都显著提高了。

你独自工作时也可以运用类似的策略。在开始专心做某项工作之前，先把桌面收拾干净，伏案忙完一项工作后，拿起笔记本电脑换到另一个地方再开始下一项工作。工作环境的微妙变化会给大脑传递一个信号，表示你正在处理新问题。也可以去散步 5 分钟或者喝杯咖啡。走路去咖啡馆或咖啡机处（还有咖啡里的咖啡因）会让你精神焕发。完成一项工作之后，准备继续下一项工作之前，给自己规定一个要踱步 10 下再开工的仪式。停下来在办公桌旁慢慢伸展一下手脚，或活动活动筋骨。背首小诗、唱首歌或听首歌再继续忙碌。即便只是微乎其微的一点新鲜感或者稍微做一点运动都能让你的精神为之一振，让你能够持续工作。

从一开始就消除潜在的干扰

抵抗潜在的干扰会占用宝贵的前额叶皮层空间，而且会产生压力。我们经常都要排除大量的刺激，而这需要耗费脑力。有些干扰无法控制，而有些完全可以掌控。不要浪费脑力耐着性子默默地和干扰对抗，直接把干扰清除干净更容易，也更节省能量。把视线范围之内的照片、纸张、小摆设和任何其他潜在的干扰物品都收起来。如果你的工作区域有家人的照片，则不要把照片放在面前的桌子上，而是移到椅子后面的书架上。如果有门，就把门关上。如果不关门，就戴副耳塞或噪声消除耳机来排除干扰。

与其一边写演示文稿一边在心里发誓自己不会把弄一个小摆饰，不如干脆把这个潜在的干扰物件塞进抽屉或留在家里。自律固然是个令人钦佩的特质，但会以惊人的速度消耗宝贵的脑力。

设定一段专注时间

你的工作性质可能决定了你没办法完全隔绝其他同事。然而，除了极其罕见的情况，你一天里总能腾出一些“专注时间”。在此期间关门谢客，将手机关机，与你共事的人也都知道你没空。你正在开一个重要会议的时候人人都知道你没空，而你没开会的时候，大家就会默认你有空。可你需要专注的时候，确实也在开一个重要的会议——和自己开会。

你不想被打扰的时候，要让同事们知道。“来者不拒、从善如流”的姿态的确高风亮节，希望团队合作时这种态度可以鼓励大家互动与配合，但你想在集中注意力时有求必应，那就是十足的灾难了。

如果你工作时总有事情要操心，而且经常突如其来、猝不及防，那么你最好能稍加控制一下。我们认识一位高管，他所在的公司崇尚“来者不拒”精神，可结果他发现来者不拒的理想虽然在理论上鼓舞人心，但实际上会影响工作成效。于是，他想出了一个简单而巧妙的办法。他在办公室门外挂了一块白板，如果他的门关着，其他同事可以随时在白板上写下自己的名字表示想和他会个面。他的助手就坐在附近，会定期查看白板，找个他有空的时间，在日程表上标注会面备忘，然后给在白板上留言的同事发送一份会面邀请。很多时候两人都有时间，就可以在当天会面。这个办法不仅提高了这位高管的专注能力和掌控能力，也让其他同事更有章可循，可以确定自己能与上司会面，而不是临时求见、纯靠运气。

用容易把握的整块时间工作

如果你很难一次性就把某件事做完，不妨试试“20 分钟定律”。不要在几件事情之间快速切换，而是花 20 分钟专心做一件事情，然后再改做另一件事情。完成每段时间的事情会让你的内心产生满足感，体内会分泌多巴胺，而接着改做下一件“新”事情的想法也会刺激多巴胺分泌。此外，每次都要有效地使用一整块时间会产生适度的压力，也有助于提高去甲肾上腺素水平，让你更接近自己的绩效“理想点”。

鉴于有些人根本无法抗拒电子设备提示音的诱惑，加州大学的心理学教授拉里·罗森建议这样的人可以在工作期间“玩玩电子设备稍事休息”，每 10 分钟左右就停下工作，花两分钟发发短信、上上网或发发帖子，然后继续专心工作 15 分钟。刚开始你能够专心做一件事情的时间可能很短，但慢慢地就可以逐渐延长专注工作的时间了。

合理使用你的大脑

最近的证据表明，即便是走路这样无害的行为也会干扰你的认知能力。你可以一边走路一边嚼口香糖，但如果你执行的任务需要集中精力，那么踱步就可能会降低你的工作成效，提高犯错误的概率。至于背景音乐会促进工作还是妨碍工作，不能一概而论。如果你正在执行的是一项高度重复的任务（如在装配线上工作），那么音乐可以提高你的工作成效。同样，重复的环境音乐有时可以提高你在某些较高层次的认知活动（如阅读）中的效能。不过一般而言，我们许多人闲暇时间听的流行音乐尤其是还有歌词的音乐肯定会干扰阅读理解和信息处理这样的认知能力。

当然，还有很多证据证明散步和听音乐对大脑有积极的影响。什么积极的影响呢？就是听音乐和散步会以积极的方式影响我们的情绪状态。工作前听一点音乐可以帮你完成一项棘手的任务，而散步可以排遣郁结的压力。可如果你要靠专心用脑为生，最好还是在业余时间听音乐和散步吧。

控制自己收发电子邮件的习惯

电子邮件真是契合了那句经典的谚语："成也萧何，败也萧何。"普通的职场人士每个工作日都要花 23% 的时间来处理电子邮件。加州大学尔湾分校的格洛丽亚·马克和史蒂芬·沃益达让附近一家公司的 13 名员工在没有电子邮件的情况下生活了 5 天，结果发现这些员工的生活压力降低了，而切换屏幕之前专注于一项任务的时间也延长了。

显然，对于我们大多数人来说，长期在没有电子邮件的情况下生活不太现实。马克和沃益达建议大家培养白天定时查收邮件的习惯，余下的时间则不理会邮件通知。有意识地专门留出时间收发邮件和短信，这样你就可以更清楚地了解这些事务在你一天的时间里占了多大比重。了解智能手机和电子邮件如何对工作产生干扰作用是提高自我控制能力的第一步。

以火攻火，顺势而为

有些时候，你可以将人类天生的分心本能与深度专注的力量相互结合起来，使原本停滞不前的会议开展得更加顺利、高效。我们多数人都参加过一些令人煎熬难耐的会议，这些会上总有人揪住细节不放、来回商讨，导致议程原地踏步、毫无进展。如果原本开会的目的是勾勒出大致的战略方向而不是斤斤计较令人头脑麻木的细枝末节，那么不妨事先制订一份详细的备忘录或电子数据表，交给这个一丝不苟的同事细读，你会发现他一拿到文件马上就埋头开始研读，对接下来的会议发言充耳不闻，而其他人则可以重拾刚才的话题，继续讨论。

平静一下心神不定的头脑

即便你关上了门，塞上了耳塞，拉下了百叶窗，取下了墙上所有的照片，把办公桌上的东西都收起来而只留一支钢笔和一张白纸，也不能保证你就可以专心致志。为什么？因为比景象、声音、气味和其他外部刺激更强大、更顽固的干扰源，是你自己天马行空的思想。事实上，最近的一项盖洛普调查发现，71% 的美国上班族表示他们工作时要么"不专心"要么"时常分心"。受过高等教育的人专注情况更加糟糕。在已经完成研究生学习或获得研究生学位的受访者中，只有 27% 的人在工作的时候会聚精会神。这样的状况可不是好事，于人于己都不利。心不在焉不仅占据了我们一半左右的清醒时间，也会导致幸福水平降低。

你的思想走神时，大脑内部究竟发生了什么？贾德森·布鲁尔和乔纳森·斯古乐等顶尖神经科学家提出了一个相当精辟的观点。走神的思想属于称为默认模式网络的神经元回路领域，可简称为默认网络。顾名思义，默认网络就是你的大脑在大部分清醒的时间里默认使用的网络，与计划、思考和白日梦有关。当你想到他人或自己时，这个网络就被激活了。这个网络有时被称为叙事网络，因为你会通过自己的个人过滤器接收信息，然后根据这些信息的含义对已经发生和预期发生的事情构建自己的叙事解读。事实上，默认网络无法处理的一个明显区域就是专注于当下。可以想见，你需要集中注意力的时候，难以专注就会成为问题。有两个因素可以避免你思想走神：快乐与认知控制。

专注与快乐

我们从事的活动和专注程度之间的关系非常清楚：活动越愉快，思想越不会走神。不论受试者从事什么活动，专注不分神的时候总是更加快乐。实际上，思想走不走神比活动本身更容易预测整体的快乐程度。当我们觉得快乐时，我们的大脑会释放出包括多巴胺在内的许多神经化学物质，这些物质大大增强了我们学习和记忆的能力。更重要的是，当思想不再走神时，我们的感觉会更好，因为这时候我们没有时刻高度警惕下一个潜在威胁。

快乐的感觉可以让我们保持专注并对手头上的任务充满兴趣，这一点我们都能理解。那么，认知控制的状况又怎么样呢？如果你很快乐，可思想依旧走神，那么怎样做才能把思想拉回来，重新集中注意力呢？为了解答这个问题，我们来看看貌似毫不相干但最有说服力的一群人——美国橄榄球队。

培养正念

如果要用一个词来描述2014年2月2日（星期日）晚上在新泽西州大都会人寿体育场发生的事情，这个词就是“势不可挡”。这一天，美国最受欢迎的体育盛事也是历史上收视率最高的电视节目——美国国家橄榄球联盟年度冠军争夺赛出现了21年以来最大的分差。西雅图海鹰队经过80年的中断之后，终于回到了超级碗，并以43：8的比分大败丹佛野马队，创下了该项赛事历史上比分悬殊排名第三的比赛结果。

如大家所料，专业分析师和喜好纸上谈兵者纷纷就西雅图海鹰队这次旗开得胜的秘诀发表了各种各样的看法。不过海鹰队有一个耐人寻味的特点，使其在职业美式橄榄球队当中与众不同。每支职业橄榄球队一般都有20多个教练，而海鹰队从2012年开始便新增了一位不寻常的教练——正念教练。

我们大多数人都经历过这样的尴尬场面：与人会谈时，我们一副茫然的样子，明显走神了，有人最终不得不出言提醒。我们赶紧羞赧地道歉：“不好意思啊，我刚才想到别的地方去了。”虽然周围的人未必总能注意到我们走神了，可令人惊讶的事实是，我们大多数人在清醒的时候几乎有一半的时间头脑都在神游。如果你的工作是坐在桌旁办公或在会议室里开会，那么总是走神着实令人烦恼，也影响效率。如果你以踢球或作战为业，走神时则会遭致横祸，甚至有丢掉性命的风险。

我们在第 5 章里会谈到走神有时也有好处，不过必须是刻意且巧妙地走神才行。正念便是思想走神的解决之道。正念的时候，你要时常不含褒贬好恶地体察自己的想法和感觉，这样你就可以学会从局外人的角度观察自己的思维过程。这种能力可以让你更好地控制思想集中的时刻，防止自己不断误入走神的歧途。

研究发现，有着丰富正念冥想经验的人，其大脑中与思想走神相关的关键区域相对不活跃，而与自我监测和认知控制相关的大脑区域相互耦合得更加紧密，即便受试者没有在冥想的时候也是如此。

正念的常见定义是“专注于当下”，有些人觉得这个定义简单贴切，有些人则不甚满意，因为这个说法总让人想起冥想打坐的僧侣形象。虽然冥想打坐等类似正念的做法是世界上很多宗教的日常活动，不过你要获得专注能力并不需要信奉某个宗教。正念的另一个更加通俗的定义是“宁静的意识”。这里的“意识”指的是你集中了注意力，而且知道自己在集中注意力；“宁静”指的是你不必像半夜为了抓一个窃贼而在房子里默默地匍匐前进那样紧张而隐忍，而是心平气和地保持警觉。

有一天晚上，我们和一个正在努力掌握正念概念的客户共进晚餐。这位客户觉得经典的正念入门练习要求一个人专注地盯着一颗葡萄干的做法简直太诡异了，而我们首选的正念方法“淋浴练习”也十分古怪，要求高管们仔细观察自己一般都怎么洗澡，然后有意识地稍微改变一下自己的洗澡方式。这两种练习对他来说都很荒唐，完全不着边际。恰好这位客户是一名葡萄酒鉴赏家，他便点了一瓶昂贵的葡萄酒来佐餐。我们饶有兴趣地看着他举起酒杯，仔细欣赏灯光下葡萄酒的深红色泽，接着他把酒杯放在鼻子下面，无比陶醉地体味着微妙的酒香，最后微微呷了一口酒，让葡萄酒多重风味构成的丰富口感在味蕾上蔓延。他品完葡萄酒之后，我们告诉他，他刚才品酒的过程就是正念。他闻言一惊，继而恍然大悟，终于明白了我们一直要表达的意思。这一课估计他永生难忘。

正念真正令人惊讶的是这种思维练习不仅会改变你的想法，还会在物理意义上改变你的大脑。

构建更强大的大脑连接

威斯康星大学麦迪逊分校心理学与精神病学教授理查德·戴维森和其他同行的研究都发现了一个令人难以置信而又激动万分的现象。他在位于加州的谷歌山景城总部发表演讲时表示："很显然，刻意地运用某些思维训练方法可以引发大脑中的塑性变化，而这种变化可以持久不变并改变我们的认知方式和情绪风格。"

换言之，你不必借助外科手术或使用药物就可以改变大脑的整体结构。研究证明，正念在短短 8 个星期之内就可以在物理意义上改变大脑的几个区域。

正念可以使前额叶皮层和后扣带皮层增厚，不仅能提高专注力，还能改善记忆力和处理能力。认知控制增强了，你便可以更理性地做出反应，更轻松地消除不适宜的情绪反应。研究发现冥想者的右眶额皮层（一个与情绪调节相关的大脑区域）中的灰质比普通人更多。

正念还可以增强大脑其他部位与负责身体意识的脑岛之间的连接。身体意识有助于发挥直觉，而直觉有助于决策（这一点将在第 5 章中详述）。你会更加擅长"倾听身体的声音"，捕捉微小的信号，领会微妙的警示标志。你不会像以前一样经常事后烦恼，因为你会在事态不妙时更加敏锐地及早发现。此外，你对自己情绪的认知控制也会增强，而认知控制的强弱决定了一个刺激是否会分散你的注意力。

正念可以提高大脑动态地重建回路的能力。

脑岛与你自己的身体意识有关，而另一个大脑区域——颞部顶骨连接部位（TPJ）则影响着你对他人的意识。颞部顶骨连接部位和脑岛一样，在正念训练后也会出现灰质增加的情况。而该部位灰质的增多可以改善人际关系，令人更有同理心。

并不是所有的大脑变化都是某种物质增加或增强了。正念其实会导致至少一个区域——杏仁核的密度降低，而杏仁核是与情绪反应能力和恐惧最为相关的大脑区域。

总之，正念可以提高大脑动态地重建回路的能力，这种现象通常称为神经可塑性，而神经可塑性会提高你的思维灵活性和学习能力。这一点我们将在第 6 章中详述。

获得更深度的专注

长期喜欢一心多用的人只做一件事情的时候很难集中注意力，而经常冥想的人即便没有在冥想时也可以更好地把持自己，不会走神。研究发现，正念训练可以增强你忽略内部干扰与外部干扰的能力，从而提高大脑集中注意力的能力，专注于当下发生的事情。

为了增强专注力，你需要增强前额叶皮层和顶叶皮层的活跃度。前额叶皮层是维持注意力的关键，而顶叶皮层可以让注意力瞄准特定的目标。戴维森的研究表明，长期从事正念冥想的人专注于一个对象时，其前额叶皮层和顶叶皮层的活跃度更高。

最后，正念也会增强前额叶皮层和杏仁核之间的连接，这样你就不会出现大家时常会有的负面思绪纷繁丛生、源源不断的情况。

培养正念习惯

长期进行正念训练的最好方法是每天都花一些时间进行正念练习。把正念当作日常生活的一部分，就像刷牙或开关咖啡机一样，多数人根本不用刻意安排时间，习惯便成自然。

练习正念

因为正念就是专注于自己的当下体验，摒除无关的思绪，所以你可以在各种场合进行正念练习，如吃饭、走路、洗澡、跑步，或只是坐在桌旁休息。

最好的做法是将意念集中于一个感觉，如呼吸的节奏或双脚踩地的感觉，然后经常重复这个过程，最好是一日一练。这样你就会越来越擅长专注于这个感觉，同时摒除其他所有的感觉。

停呼观继法：立竿见影的正念练习方式

运用正念来减小日常生活中的压力和焦虑还有一种随性的方式，可以简称为停呼观继法。这 4 个字勾勒出了一个使身体和头脑恢复平衡的非常简单有效的方法。

"停"表示停下

"呼"表示呼吸

"观"表示观察

"继"表示继续

停呼观继法蕴含的思想虽然很简单，但很强大。每天时不时地让自己迅速停下一切事务，深吸一口气，观察自己当时在做什么，想想这件事情让你感觉如何，让别人感觉如何。你的肩膀会不会紧绷？你觉得饿了还是累了？你的心里在想什么事情？有什么是你想改变的吗？目前的情况可以用另一种方式处理吗？

如果你想不出另一种处理这种情况的方式，那就一如既往。如果想得出来，那就努力对自己的行为、态度、心态或你对于当下情况的总体感觉做出或大或小（视情况而定）的改变。这种基本的反思行为（心理学家称之为"元认知意识"）可以让你的思维模式和身体反应发生有效、积极且永久的改变。

停呼观继法的优点是你可以马上付诸实践，随时随地都行，甚至在开一个紧张的会议时也可以暗中练习。通过这种方法，你可以每天反躬自省，自问"我感觉怎么样"。一些高管喜欢在从事特定活动之前或觉得紧张不安的时候运用这种方法，还有些人则利用日历软件设定闹铃定时提醒自己快速检视一下一天下来自己的心情和意识的变化。

停呼观继法不同于其他更复杂的方法，这种方法更易于操作与记忆，无需口诀，无需摆出特殊的姿势，无需报冥想培训班。更重要的是，这种方法可以帮助你提高自我意识。你会发现，一天里总有些时段自我感觉良好，也有些时段自我感觉不佳。停呼观继法可以提高你的自我意识，让你掌握自己情绪好坏的时间，并在需要时进行适当的调整。正念和其他技能一样需要练习，练习的时间越长，你就越熟练。

沉默是金

高度紧张的会议往往剑拔弩张、惊心动魄，许多参会者会极其渴望能有几分钟的静默，以便梳理梳理思绪，然后全情投入。然而很多会议的气氛恰恰相反，几位直言不讳的与会者针锋相对、唇枪舌剑，占用了大多数会议时间，根本没有静默可言。大家甚至还会各执己见、互不相让。最终，大多数与会者没有充足的时间进行透彻的分析和反应，而是众说纷纭、莫衷一是，注意力难以集中。

虽然这种言人人殊、众口难调的场景在大多数公司会议中屡见不鲜，不过有一些巧妙的解决方法可资借鉴。有一家与我们合作的公司以其在业内长盛不衰著称，其董事会会议有一个不成文的规定：开会时沉默的时间应该与说话的时间相当，或者更长。换言之，每次有人发言两分钟，便有两分钟或更长的暂停时间，好让每个人都能咀嚼消化刚才听到的话。

我们以顾问的身份参与了这样不同寻常的会议，不过一开始觉得这种做法有点让人摸不着头脑。说实话，有些年轻的同事甚至对此嗤之以鼻。确实，会议中大家为了自己的立场据理力争、寸步不让，思想交锋时你来我往、各抒己见，信息传递如闪电般迅速，这时候让大家陷入长时间的沉默，多数人都会觉得不堪忍受。事实上，有人觉得开会根本就不容许有一分一秒的静默。我们的客户几乎都认为开会沉默完全是浪费时间，举座无言会让他们觉得很不舒服。坦率地说，会议室里一片静默让我们都觉得浑身不自在。可这种做法的结果让我们心服口服。

我们第三次出席这种时断时续的会议之后，发现这种做法有三重惊人的效果。其一，所有的参会者都有充足的时间仔细思考每个观点，并与自己的想法相融合。其二，虽然大家表达的内容变少了，但所说的话语都更有分量，更有价值，而且得到了更仔细的考虑，因为每个人都在听，每个人都很专注。在一般的会议上，参会者在酝酿自己的发言时通常顾不上听别人说话，很容易分心，而这里的每个人都不得不密切注意别人的发言。其三，大家相互更加尊重，明显比一般的会议效果更好。有了停顿的间歇，大家可以调整情绪，不会疾言厉色、以声夺人。这样参会者会更清楚地意识到大家都共处于一个集体之中，不会像竞争对手那样互争短长。这个公司开会的时间比其他类似的公司短得多，而会议做出的切实决策较之明显更多。

停顿的力量

我们担任顾问的这家集团公司绝非异类。很多高端公司都在将正念理论付诸实践，且收效斐然。

谷歌公司全球人才发展项目经理乌里·海兹霍弗表示，谷歌最近创立了一个思想停顿小组，目的是减少开会时经常在关键时刻分散大家注意力的干扰事物。其中一种做法是在讨论关键决定的团队会议开始之前做两分钟的冥想，为了让这两分钟的冥想更有效果，这个团队可以邀请思想停顿小组的专家亲临指导，也可以事先了解具体方法，自行指导大家进行冥想。这种做法一经尝试，反响非常好。

同时，与谷歌公司坐落于同一条街道的软件巨头思爱普公司最近推出了正念大使一职。这个“大使”身份受到众人追捧，谁如果有幸担当这个职位，可以骄傲地把这个头衔印在名片上。

从专注到心流

虽然貌似经历了漫长的时间，不过曾经被斥为“怪诞离奇”或“违背常理”的做法已经渐入人心，改变了高端公司的发展路径。神经科学家数十年的坚实研究提出了令人信服的结论，越来越多的企业领导者意识到减少干扰、不要一心多用、工作期间进行正念训练等做法可以让员工慢慢进入最称心如意、富有成效的专注状态——心流。

进入心流状态

当你可以排除杂念，专注于手头上的事情并乐在其中的时候，就会发生堪称奇迹的事情。你吃过早饭，回了几封电子邮件，和同事聊了一会儿天之后，便关上门，把来电交给助理处理，接着集中精力做事。没过几分钟，你就开始为下午与重要客户的会面酝酿一份不同凡响的战略演示文稿。你觉得这份文稿不太好写，不过相信自己可以针对客户面临的问题提出可行的解决方案。你已经收集了所有支撑自己论点的相关数据。这份文稿你一定可以写好。这些纷繁的思绪好像突如其来，你根本没有注意到从坐下来准备撰写文稿到现在已经过去了 3 个小时。

积极心理学家米哈里·希斯赞特米哈里认为，专注于掌握和控制相关的行为和繁衍本能一样都是人类的本性，都同等重要。事实上，正是希斯赞特米哈里创造了“心流”一词，用于描述最有成效的专注的最高境界。这个境界还有许多俗称，如“处于巅峰状态”“处于最佳状态”和“全神贯注”。

进入“心流”状态是什么感觉

心流是你排除一切杂念、完全沉浸在一件事情当中的一种主观状态。经历过心流的人经常说自己进入了忘我的状态。他们觉得自己有一种掌控的感觉，但又不担心会失去这种掌控。他们对周遭的干扰略有知觉，却又不会因此分心。同样，他们隐约知道时间在不断流逝，可是丝毫不为所动，一心一意专注于手中的事情。

当高管进入心流状态时，工作成效将提高 5 倍。

通常，从运动员到企业家，各行各业的翘楚几乎都能随心自如地进入这种心流状态。不过，调查表明，欧美有 15% ~ 20% 的成年人从未经历过心流状态，而另外 15% ~ 20% 的成年人表示每天都会经历心流状态。进入心流状态的领导者和没有进入心流状态的领导者之间的区别不可谓不大。事实上，两者往往判若云泥。麦肯锡公司经过长达 10 年的研究发现，当高管进入心流状态时，工作成效可以提高 5 倍。

如何进入心流状态

心流一般都由内在动机驱动，而不是依赖于某种外部奖赏。心流起源于伏隔核，而伏隔核是大脑的奖赏中心和多巴胺通路。

微软员工研发的英卡特百科全书软件无法与维基百科比拟，因为维基百科是由一群不求报酬而只求开心的人创建的在线百科全书。两者之间的区别不啻天渊，关键就在于研发人员是否进入了心流状态。其他诸如此类的情况与此同理。微软在2009年关停了英卡特百科全书，而维基百科仍旧发展强劲，在世界上最受欢迎的网站中排名第六。如果你没有享受到乐趣，估计就没有进入心流状态。

实现心流

要实现心流，你需要一个明确的目标，一个难度适中的挑战，还有清晰直接的反馈。目标会触发让你保持专注的乙酰胆碱的释放，挑战会引发去甲肾上腺素的释放，而反馈则会诱发多巴胺的释放。

明确的目标

泛泛的努力不太可能让你进入心流状态，你必须朝着某个具体的方向努力，还要清楚地知道自己的努力最终会有什么结果。譬如，一群应用程序开发人员想要努力让自己的软件更易于使用，这个目标很宏伟，但也很模糊。当把这个目标重新界定为更具体的指标时，如把某个操作从需要点击 5 次减少到只要点击 3 次，他们就会发现自己突然进入了心流状态。

把你的目标形象化，有时效果也很显著。一个团队接手了一个貌似简单的任务，如两年内让公司的收入翻番，可是工作起来仍然难以集中注意力，后来他们干脆抛弃各种数字，把目标形象化为贴在总裁办公室里的一张标着“年度最佳团队”的照片。这么一来，大家立马团结一心，进入心流状态。

一旦你的目标变得明确，你就更容易区分让你分心的干扰事物和可以帮助你达到目标的紧要事物。作家史蒂文·科特勒曾经有言：“关键就在于，你赋予大脑一个明确的目标时，就会大大缩小专注的范围，忽略不重要的事物，一心只顾眼下的事情。”

有一个明确的目标不仅让你更加专注，也会改善你的心情。希斯赞特米哈里表示："如果没有一个能集中注意力的任务，我们多数人都会渐渐颓丧低落。而处于心流状态时，根本没有闲暇来颓丧低落。"处于心流状态时也无暇一心多用。想要同时完成两件或多件事情会使人注意力分散，不像全心全意做一件事情那么富有成效、心满意足。

难度适中的挑战

虽然能力和挑战应该相互平衡，但最有利于进入心流状态的情况是你觉得挑战难度稍稍有点大的时候。当你的挑战和能力水平相称时，你就可以专注于手头上的任务。

如果挑战的难度超过你的能力，你可能就会感到焦虑。毕竟，如果你感觉力不从心，就难以产生掌控大局的感觉。当你脱离心流状态并开启威胁反应时，去甲肾上腺素的水平就会过高，导致工作绩效越过曲线的峰值（见第1章），而由此产生的压力会抵消前额叶皮层的镇定效应，让你失去控制。

另一方面，当你的能力超过挑战的难度的时候，你就会缺乏达到最佳绩效所需的去甲肾上腺素和多巴胺，可能会因此觉得无聊。

你要牢记，进入心流状态的概率与你的能力成正比关系。你的技能水平越高，出现心流状态的可能性就越大。因此，音乐会钢琴演奏家比钢琴初学者体验到的心流更多，虽然两个人都觉得略有难度。你越熟练，就越容易乐在其中！

清晰直接的反馈

如果你能知道自己的进步情况，了解自己是否需要调整或维持目前的行动方案，就会觉得备受鼓舞、充满干劲。电子游戏开发商长期以来一直都在成功地运用这一策略。你会发现，最热门的游戏基本上都分成了不同的级别。每次过了一个关卡，你的体内就会分泌出一股产生奖赏感觉的多巴胺，让你保持专注，继续玩游戏。非营利组织波士顿媒体心理学研究中心的执行董事埃里克·格雷戈里曾经解释过这种心理机制，他说："让玩家时刻处于心流状态是视频游戏让人欲罢不能的关键所在。"

巧妙利用心流

如果你想一直利用心流，结果往往会适得其反。长时间处于心流状态会让人筋疲力尽、疲倦不堪。要刻意进入心流状态，你可能需要有意增加挑战的难度。举个例子，音乐会上钢琴演奏家会通过学习并演奏难度越来越大的乐曲来不断挑战自己的极限，这样他们就会一直处于心流状态，而其他人要进入心流状态可能需要掌握新的技能。了解自己过去进入心流状态时的条件或情境也有帮助，这些条件和情境可能包括一天中的某个时间、环境、心情甚至是一同共事的人。如果你和别人一起共事，你可以选择更有可能让你进入心流状态的任务，把让你感到焦虑或无聊的任务分派给其他人。

心流代表着最佳绩效的顶峰，标志着情绪调节达到最佳状态，注意力非常集中。心流状态可以帮助你找到并达到实现持续卓越所需的理想点。

迪恩·波特穿越中国恩施大峡谷时虽然用时不到 3 分钟，但惊险之至，令人屏息静气，而这一壮举只不过是他整个光辉灿烂的职业生涯里无数丰功伟绩之一而已。史蒂文·科特勒写了一本书《超人的崛起》，专门探讨实现最佳绩效的能人异士。在这书中，波特讲述了他的作为瑜伽教练的母亲和作为军队上校的父亲对他个性塑造的影响。他说："我想瑜伽让我第一次体会到了心流的感觉，而和我父亲在部队接受训练时，我则领略了跑步时的巅峰感受……"

赞助波特跨越恩施大峡谷的攀岩运动服饰公司普拉纳的创始人兼总裁比弗·西欧杜莎奇说道："迪恩一连几个小时都处于心流状态，思想不能走神，不能掉以轻心，每一步都要信心十足、从容不迫。"

西欧杜莎奇若有所思地说："想象一下，在日常生活中，如果我们上班的时候可以这样专心致志、心无旁骛，那么该有多好。"

这种想象也只能是美好的想象罢了。

百密终有一疏，迪恩·波特的人生验证了即便想象和专注也有其极限。2015 年 5 月 16 日，他和攀岩搭档格雷厄姆·亨特在优胜美地国家公园的一次跳伞事故中不幸遇难。波特卓越的专注力一次又一次地挽救了他的生命，他终生依靠的正念也使得他能够实现精确的认知控制，但归根结底是超群出众的心流感觉（无论是坐在会议室里还是站在山顶上都可以产生的感觉）令他一而再再而三地挑战自己的极限，赋予他孜孜不倦地追求下一个目标的力量。

第3章小结

大脑的管理功能。计划、延迟满足和维系持续集中的注意力等能力都源自前额叶皮层。

前额叶皮层容易受到干扰。前额叶皮层虽然功能强大，但对各种干扰非常敏感。职场里的两种主要干扰分别是：(1) 来源不一的各种意外中断；(2) 多任务处理。

多任务处理的神话。多任务处理不但不能提高工作成效，反而会降低工作成效。多任务处理会使完成一项任务的时间增加 50%，犯错的概率提高 50%。一些惨烈的事故都是由一心多用引起的。

你以为自己可以一心多用吗？真正的一心多用必须完全依赖前额叶皮层的功能，而这一点根本不可能实现。相反，这时候你的大脑要在不同任务之间快速切换，这是一个极其低效的过程，会大大降低专注能力和工作成效。

不要抵抗干扰，而应消除干扰。有意识地竭力忽略干扰会像多任务处理一样让大脑不堪重负。集中注意力的关键是要保持头脑清醒，摒除杂念，同时把办公桌上任何潜在的干扰物品都收拾干净，然后将专注重点转向重要的任务或问题。

安排固定的独处时间。增强专注力的一个简单方法是预留一段固定时间，关上门，把电子设备调成静音，然后花几分钟或几小时聚精会神地独立思考。

正念的神奇效果。支持正念这种强大的心理训练技术的科学证据日益增多。正念可以改变你的大脑回路，提高你的绩效，增强你的专注力。

工作绩效的最高境界是心流。心流就是你的注意力完全集中的状态，一般在你的技能与面临的挑战难度相称的时候就会产生。如果一个人的技能十分娴熟，那么他在感觉挑战难度稍微有点大的时候更有可能在需要时进入心流状态。

第2部分

改变你的大脑

第4章　管理习惯

第5章　释放你的无意识

第6章　培养学习能力

第 4 章 管理习惯

充分利用大脑的自动控制能力。

美国前总统巴拉克·奥巴马和女演员詹妮弗·安妮斯顿似乎是风马牛不相及的两个人物，不太可能相提并论，但这两个人有着奇妙的共同点。诚然，他们都魅力十足，聪明过人，才华横溢，不过还有另外一个共同点，即他们在各自的人生中都曾努力与烟瘾做过斗争。

安妮斯顿在演艺界声名鹊起开始于电视情景喜剧《老友记》，她在剧中经常吸烟。2002 年，她发誓要“彻底戒烟”。然而，差不多 10 年之后，有人问她为什么体重明显增加了，她说增重是最近戒烟导致的副作用。当时是 2011 年 10 月，她解释道：“因为我刚刚戒烟，所以重了几磅。”

一直密切关注安妮斯顿的事业及个人生活的粉丝们听到这番话时长吁一口气，为她的戒烟决定欢呼，纷纷猜测她过了这么长时间终于戒掉了烟瘾大概要归功于她的新男友（现在的丈夫）、演员贾斯汀·塞洛克斯的积极影响。

然而，男友的督促显然无济于事。2013 年 2 月，塞洛克斯和许多影视界名流欢聚一堂为安妮斯顿庆祝生日时，有人拍到她堂而皇之地叼着一根烟的照片。

巴拉克·奥巴马究竟什么时候开始抽烟，我们不得而知，不过他坦承自己在 1980 年入读西方学院时就已经学会吸烟了。从那以后，他努力戒烟就成了一个长篇累牍的传奇故事。虽然他绝对不是第一个入住白宫的烟民，但是抽烟的危害在这个时代已经众所周知，总统理应率先垂范，因此他在竞选总统期间压力与日俱增。尽管如此，奥巴马上任总统 6 个月之后，在一次新闻发布会上公开承认自己仍然偶尔忍不住会抽烟。

2010 年年初，奥巴马总统的私人医生、海军上校杰弗里·库尔曼劝他应该“继续努力戒烟”。这番建议让众人都能听出言外之意就是总统仍然没有戒掉烟瘾。2010 年年底，当记者问到总统时断时续、扑朔迷离的烟瘾究竟现状如何时，前任总统新闻秘书罗伯特·吉布斯回答道：“这 9 个月里我没有看到总统抽烟。”几个月后，白宫把这句话变成了官方消息：总统已经不再抽烟了。

这条消息公布几天之后，奥巴马一家接受采访，前第一夫人米歇尔·奥巴马表示丈夫已经彻底戒烟了。奥巴马也直视两个女儿的眼睛，满脸真诚地告诉她们他不抽烟了。不过，奥巴马后来与联合国特别报告员马伊纳·吉埃聊天时曾经说到戒烟，他们的对话恰好被附近一支没关的麦克风捕捉到，当时他告诉吉埃的戒烟缘由与政府公告稍有不同。他跟吉埃说自己戒烟是因为他很怕老婆。

为什么那么多人（其中不乏聪明富有、才华出众之士）面对令人毛骨悚然、不可置疑的证据时，明知香烟有害健康却依然难断烟瘾？有人认为这是尼古丁使人上瘾使然，然而詹妮弗·安妮斯顿和巴拉克·奥巴马的戒烟经历让大家深信，即便依赖尼古丁的症状已经消退了很久，吸烟的欲望依旧会存在。吸烟为何会成为某些人屡戒不掉的顽疾？原因很简单，因为习惯了。

虽然我们听到“习惯”一词就会想起吸烟、酗酒、赌博、吸毒甚或咬指甲这样让人不悦的行为，但是实际上我们大部分时间都身处某种习惯之中。多数时候，按习惯行事并没有什么坏处。南加利福尼亚大学心理学家戴维·尼尔认为，各种各样的习惯占据了日常生活的 45% 左右。在这 45% 的时间里，我们并不依靠理性或动机行事，而是开启“自动驾驶”模式，依靠环境、自然而然的动作、时间压力和些许自我控制来驱动自己的行为。

这种“按习惯行事”的状态自有其道理：如果我们凡事都必须有意识地去做，大脑很快就会不堪重负。好习惯让我们更有效地使用大脑，生活因此更加轻松。坏习惯则令生活更加艰辛，有时还会损害身体，甚至危及性命。习惯总是自动启动，因此难以控制，也难以改变。老习惯无论好坏，耗费的能量都更少，因此大脑总是冥顽不化，故而培养新习惯有时很难。培养新习惯刚开始要违逆大脑的本能，强迫大脑付出更多努力，而且效率更低。不过，一旦你最终充分地强化并养成了一个有益的新习惯之后，大脑就会自动选择新习惯，摒弃旧习惯。

数到30竟然如此之难

我们有一个称作“讨厌的数字 7”的游戏。如果你已到中年，估计还记得小学时玩过类似的游戏。

我们把玩游戏的人分为两组，每组都围坐成一个圆圈。刚开始，大家的任务比较简单，绕着圆圈按顺时针方向从 1 报数到 30。第一个人说“1”，其左边的人说“2”，依此类推，一直报数到 30，规则很简单。

不过这个游戏还有几条特别的规定，这也是游戏好玩的地方。每当报到一个包含数字 7 或可以被 7 整除的数时，不要直接说这个数字，而是站起来，拍一下手，然后坐下。旁边的人接着报数，如果前面是 7 就报“8”，如果前面是 14 就报“15”，依此类推。

此外，这个游戏是两个小组之间的比赛。你这一组要想办法快速报数到 30，每逢含 7 或能被 7 整除的数字时一定要起身拍手不出错，而另一组会看着你们这组的每一个动向，如果有人出错，就会心中暗喜。

哦，还有一点。如果有人跳过一个数字或者碰到含 7 以及能被 7 整除的数字时没有起身拍手，整组都要从头开始。不巧的是，最容易出错的地方就是整个组快报到 30 的时候。多数时候，报 27 的人会站起来拍手，可报 28

的人呢？事实上，包含数字 7 的 27 后面紧接着就是可以被 7 整除的 28，很多人屡次三番都反应不过来。所以，离 30 只差几个数字的时候总是恰好出错，整组只得从 1 重新报数。

这个游戏我们玩了好几次。我们感觉多数人都会发现这个游戏是自己从小时候学会数字之后接受过的最紧张的报数到 30 的考验。

不过，我们的考验还不止于此。如我们所料，许多聪明的参与者会提前算好自己下一个要报的数字并在心里默默做好准备，尤其是轮到必须站起来拍手的数字时。为此，我们特意在原有的游戏规则之上又加了条额外的规定。每次有人站起来拍手时，报数就要改变方向。所以如果一个组顺时针报数到数字 7 的时候，接下去就要改为逆时针报数，直到有人报到 14，再改为顺时针报数。

不用说，这下报数到 30 花的时间就更长了。

这个小游戏不仅证明了破除根深蒂固的习惯非常困难，也让我们对前额叶皮层和基底神经节这两个大脑重要部位如何运行有了更深的了解。我们在上一章中已经介绍过前额叶皮层，不过负责计数的大脑部位是只有高尔夫球大小的基底神经节区域。我们多数人在很小的时候就学会了数数，因此现在数数可以几乎无意识地完成。但是，如果我们给“数到 30”这样已经“烂熟于心”的事情增加一条额外的要求，又会发生什么呢？突然之间，原本这个任务我们自然而然就能完成，可现在需要付出额外的、有意识的努力才能做到。

我们的大脑非常聪明，可也相当懒惰。

虽然数数和骑自行车不一样，不过两者都是基底神经节负责处理的活动。这两种活动都是我们保存在长期记忆里的技能，操作起来比较容易。我们的大脑非常聪明，可也相当懒惰。从大脑的角度来看，基底神经节中的每一种习惯都像洗碗机或电动开罐器一样自动工作——都是省力的工具。

如果你经常使用计算机，估计就知道你可以借助很多种办公软件将经常使用的功能创建存储成例行程序。在微软公司的 Word 和 Excel 软件里，这些例行程序称为宏；许多苹果电脑的应用程序称为“AppleScript”（苹果脚本）；在 Adobe 公司的 Photoshop 和 Illustrator 软件里，这些例行程序则称为“Action Scripts”（动作脚本）。

名称虽然各不相同，基本思想却并无二致：你经常遵循的一个可能包含几十个步骤的程序被存储为一个可由单个命令启动的例行程序（简称“例程”）。存储为例程之后，每逢需要，你只要选择一个菜单项或点击一个按钮来激活这个例程便可，不必费力地重复每个步骤。

习惯的原理与此雷同。我们不妨静下心想一想穿鞋子系鞋带这个过程包含的所有步骤。你会发现如果一一列出每个步骤，这个过程其实无比烦琐，但你每天估计至少要不假思索地重复一遍这个过程。如果把习惯比作宏命令，那么我们人人都是操作高手。基底神经节就存储着你大脑的宏命令。

了解习惯的构成可以让我们更容易改掉不良习惯，培养良好习惯。习惯一般包含 3 个组成部分：提示、例程和奖赏。提示是一个具体的刺激或多个刺激的结合体，可以是任何东西，如地点、情绪、时间点、一件事情甚至一个词语或一句话。提示是触发例程的诱因，例程就是习惯本身。例程的性质可能非常简单（如扮鬼脸），也可能相对复杂（如你系领带的方法或每天早晨上班的路线）。最初的时候，驱动例程并确保这一例程存储进基底神经节的是我们对奖赏的期望。这个奖赏可能是食品或毒品，也可能只是一种放松感、成就感或满足感。

改变习惯

培养好习惯或消除坏习惯需要相同的基本技能：（1）设定目标与动机；（2）开始行动；（3）保持不变。

设定目标与动机

如果你不知道要去哪里，怎么知道什么时候到达目的地呢？设定目标就是设置目的地。有了目标，才能专心地开始培养新习惯或摆脱旧习惯。大多数成功的目标都有两个关键的特质：(1) 目标动机具备情感基础；(2) 设定目标的人可以将实现目标的那一刻以及实现目标的全过程加以形象化。

建立情感连接

改正坏习惯或培养新习惯并不会因为这么做是正确的就一定会成功。理论上可以这样想，但在实践中很少能如愿。如果你设定的目标不会让你一想起来就两眼放光、激情澎湃，或者这个目标即便落空你也无所畏惧，那么这个目标可能就不是一个合适的目标。

想要成功地追求目标并实现目标，我们需要启动为大脑的情感连接提供基础设施的奖赏回路和威胁回路（见第 2 章）。没有投入情感的目标基本上注定会失败。

培养新习惯伴随的情感强度通常会影响这个习惯养成的速度。你设定的目标要非常具体，要针对个人情况有的放矢，而且要写下来。此外，你还要根据完成目标所需的各个步骤列出详细的任务清单。不难理解，目标这个成功改变习惯的关键因素也是心流的一个主要因素（见第 3 章），其中自有缘由。目标明确时，结果变得更容易确定，奖赏通常也更容易获得。这三者相结合，动机水平便提高了。

把目标形象化

大多数公司都会举行定期的应急演习，通过演习每个人都学会沿着精心策划好的路线沉着有序地撤离办公大楼。

将你追求目标时打算遵循的步骤在脑中加以形象化就有点像进行应急演习。这种形象化可以为你实现具体目标要遵循的神经元通路预先铺设好路基。等到有朝一日你开始按照脑中的模拟在现实世界中真正追求这个目标的时候，你要遵循的路线早已开通好了。你的大脑这时候会说："别担心，我认识路，剩下的都交给我来做吧。"

一般来说，想象实现目标的路径比想象目标已经实现了的效果更强大，就像想象逃离火灾的路线比想象自己安全逃离了烟火弥漫的火场更加实用。尽管如此，想象目标已经实现了也有利于增强自己追求目标的动力。

无论是逃离一栋着火的办公楼还是做一场成功的报告，将积极的结果形象化确实有效，不过其中还有玄机：心理学家认为积极的“幻想”和积极的“期望”之间有着天壤之别，不可等量齐观。积极的幻想有时候可以作为放松和逃避的方式，轻松而愉快，不过在设置目标时效果有限，甚至有害。毕竟，幻想有时会让大脑在你还未迈出第一步的时候就误以为你已经到达目的地了。相比较而言，积极的期望更加务实，因为在你自信能成功的同时还向大脑传达了另一条信息：你不仅觉得自己可以做到，还知道要怎么做。预期自己即将成功的时候，大脑不会过早地庆祝，而会释放多巴胺，增强你的动力。

开始行动

当然，即便有了明确的目标、美好的期望和精心构思的计划，许多人在决心培养新习惯或摒弃旧习惯的时候立刻就会遇到一个困难——开始行动，这是改变习惯最难的一个环节。因此，开始行动最好的时间点就是现在。拖延是改变习惯的主要障碍。远大的目标如果没有分解为容易把握的步骤，就会令人望而生畏、临阵却步。采用“持续改善法”，把大目标分解为多个小步骤，你就可以避免经常导致拖延的威胁反应。

一次只游一圈

我们有一位同事想健身，于是决定去当地的游泳池开始游泳训练。由于以往每次兴致勃勃地开始新的健身计划后最终总是不了了之，他担心这次健身也会以失败告终，而如果这次定期游泳的计划也泡汤了，那么他在每天上班途中路过游泳池的时候就会不断想起自己的失败，想来便十分沮丧。这个游泳池非常小，与奥林匹克标准游泳池的尺寸相去甚远，因此他觉得自己每次必须游上 20 ~ 30 圈才能做足有氧运动。这个目标看起来既枯燥单调又遥不可及。他没有追求一蹴而就，而是一开始每天游 5 圈（时间只需大概 5 分钟），并遵守一个非常简单的规则：他游泳的圈数可以超过 5 圈，不过一旦增加圈数，下次游泳的圈数就只能多而不能少。在理论上，他可能会选择永远只游 5 圈。不过由于人类的好强本性使然，他逐渐延长了游泳的总时间。

几个月之内，他就不知不觉地从一天 5 圈游到了一天 70 多圈，无论天气好坏都一如既往。游泳变成了根深蒂固的习惯。

我们的这位同事可能当时没有意识到这一点，不过他循序渐进地养成游泳习惯的方法恰好符合了持续改善法的精神。虽然持续改善法与日本有着密切的关系，但实际上源于美国军队。这个方法的口诀是"持续改善"，其蕴含的思想是日本企业针对经营状况做出适度而稳步的改变。这种方法被日本人称为持续改善法，受到日本全国各行各业的热烈追捧，并得到广泛实施，日本最终因之蜕变为生产效率高、产品质量过硬的经济强国。

持续改善法如何改变了日本工业的发展进程？这个方法包含了 6 条基本原则，所有原则都从"小"字着眼。

1. **提出小问题**。按照持续改善法提出小问题，相当于对大脑进行编程。大问题容易触发威胁反应，而小问题往往比较有意思。如果你的目标看起来过于宏大或令人生畏，那么就问问自己："为了达到这个目标，我可以先采取什么小举措？"

2. **想象小举措**。想出了小举措，你就可以想象自己开始将这一举措付诸实践了。想象时要遵循化整为零原则，因为大脑零敲碎打、循序渐进地学习时往往效果更好，而大刀阔斧、急于求成地学习时往往欲速则不达。如果你曾静静地站在海边看着波浪慢慢把双脚埋进沙子里，就一定体会过这种积少成多的变化效果。你可以把一个让自己害怕或不适的任务单独挑出来，然后慢慢地——非常非常慢地——想象自己开始着手这个任务。随着时间的推移，这个原本让你心惊胆战的任务就会变得容易多了。

3. **采取小行动**。小问题和小举措最终需要采取小行动才能实现。我们培训过的高管常常对下属要求过高，他们为员工设定的目标往往过于宏大，结果双方都十分失望沮丧。千万不要对员工提出这样的目标要求：在年底之前，你要每天给客户打 10 个电话。我们一般会建议他们这么做：让员工第一个星期每天打一个电话，第二个星期每天打两个电话，以此类推，并且定期与客户会面了解情况。需要的话，每星期多打一个电话或每天多打一个电话估计也不难。关键是要不断地稳步进步。

4. 解决小问题。扪心自问一下，自己是否有时会惹家人、朋友、同事或客户生气。自省的时候不要自责。如果自省时态度消极，你就没有办法说服自己做出改变。另外，独自反省时，要劝自己以后尽量不要再犯同一个错误。在检讨的时候，问自己这个错误是否反映了一个更大的问题。如果你发现这个错误背后隐含了更大的问题，就有更大的动力去改正这个错误。

我们曾经培训过一位高管，他的下属都说他趾高气扬、目中无人。虽然这种感觉令上下级之间关系紧张，但是下属的抱怨显然过于空洞、语焉不详。我们没办法在一夜之间把他变成“好好先生”，那太不切实际。我们采取的是脚踏实地的原则，先指出一个最小的问题让他解决：改掉开会时查收电子邮件的习惯。这是个轻而易举的小小改变，可对团队的态度产生了巨大的影响。大家明显注意到了这一变化。我们趁热打铁，继续挖掘这位高管让人觉得狂妄自大的其他行为，例如和下属说话时不拿正眼看对方，有时会突然中断谈话或话还没说完就扭头不理人了，原本应该私底下交流的敏感话题当着整个团队的面大肆讨论，等等。因为效果显著，这位高管也乐于做出改变。经过几个月的逐步改进，这个高管的问题便彻底解决了。

5. 给予小奖赏。我们都知道多数习惯最初都是为了得到某种奖赏而慢慢养成的。如果你想改变或培养一个习惯，就要选择与目标相当的奖赏。举个例子，如果你完成了一项艰巨的任务，可以用一块巧克力奖赏自己，可如果你想培养更健康的饮食习惯，奖赏巧克力就不太合适了。虽然听起来可能不合常理，但是小奖赏往往比大奖赏更能给人以动力。事实上，作家兼心理学家丹·艾瑞里带领的一组研究人员发现，奖赏越大，动力可能反而越小，而且这些奖赏可能根本不是员工真正想要的东西。我们认识一位忙碌的管理顾问，她的收入十分可观，但是工作时需要四处奔波，非常劳累，所以她宁愿公司给她放一天假休息休息或者去健身房锻炼锻炼，也不稀罕公司再给她发一份额外的奖金。

小奖赏往往比大奖赏更能给人以动力。

6. 讲究小细节。有些事物虽然微乎其微，却意义重大。人们常常发现有些细节貌似无关紧要，但往往会产生惊人的后果。19 世纪末期，旧金山铸币局每隔 4 年就会烧一次地毯，于是在这期间累积了价值约为 3 200 美元的金尘。以今天的价格计算，这些金粉的价值可以达到 20 多万美元。一位美国航空公司的前首席执行官发现，如果从免费发放给乘客的沙拉中减去一枚橄榄，每年就可以为公司节省约 40 000 美元。

不过小细节并不仅仅关乎金钱，有时是你做或不做的一些小事情。心理学家约翰·戈特曼针对夫妻关系的研究发现，在恩爱的夫妻关系中，正面的关注（他所谓的“相互关爱”）多于负面的关注（“相互抵触”），比率为 5 ：1。正面的关注指的是什么？结果会让你大吃一惊。正面的关注并不是请伴侣吃一顿豪华晚餐或去一次地中海环游（虽然这两种做法都很好），而是看起来微不足道的日常举动，如一起逛商店买东西或知道伴侣这一天不太好过时给他发一封加油打气的语音邮件。这些小举动会让对方觉得你们两个人同甘共苦而不是各行其是。无论是负面还是正面，我们经常不会放在心上的很多小事情经过日积月累后会变成大事情。就如你睡觉前没有发现水龙头里的水在滴滴答答往下漏，等你一觉醒来，整个卫生间里已经水漫金山；又如你每个月都省下一小笔钱，铢积寸累，最后聚成了一笔数额不菲的退休金。所以，事情虽小，但时间一长就可以积土为山、积水为海。

这些小细节也会对工作产生重大影响。我们有位客户，他工厂的工人觉得他总是神龙见首不见尾，很是烦恼。工人们抱怨说，他们从来不知道老板什么时候在工厂，而且每次要见老板时都要先和秘书预约，即便是鸡毛蒜皮的小事也要先打招呼，非常麻烦。我们了解情况后发现这位客户每天都从另外一个单独的入口进自己的办公室，这样可以少走约 200 米的路，但是员工们基本上碰不见他。我们建议他关掉办公室的后门，这样他每天必须多走几步路穿过工厂车间才能到办公室。这个小小的变化让公司上下士气大增。每天大家上班的时候都笑脸相迎，愉快地打招呼。老板经常在每天早上去办公室的路上解决一些小问题，快速提出整改建议。虽然这位客户经过车间去办公室得多花 5 ~ 10 分钟的时间，可后来的工人满意度明显有所提高，所以这多花的时间物有所值。

为什么这么注重“小”呢？从一开始就做出较大的改变不是速度更快也更有效率吗？要理解为什么大变化往往不起作用，我们需要重提大脑的威胁回路和奖赏回路这个话题。我们都知道有些事情会让我们因脱离舒适区域而忐忑不安，但很少有人了解这种反应背后隐含的神经科学原理。如果你曾经尝试对公司的行事风格进行改革，估计有些同事的坚决抵触着实让你吃惊不小。人们在固有习惯遭到冲击的时候会变得极其叛逆。有些人会说“我们平常不是这么做的”“以前的老办法挺好的”“为什么我们要学一套全新的程序”。虽然这些疑虑和担忧偶尔也不乏可取之处，不过拒绝改变却是出乎本能的戒备反应。你用心良苦的改进措施没有进入同事讲究理性的前额叶皮层，而是直奔掌管反击或逃避反应的主要部位——杏仁核。换言之，你对公司行事方法的改变被大家看成了一种威胁。虽然这些改变不像野兽来袭或敌对部落入侵那么危险，可对于大脑而言，暴力袭击和突然改变管理方法实际上大同小异。有些时候，像“我可以提个建议吗”这样貌似无伤大雅的话，有人听了也会觉得你好像在问“我可以绑架你的老婆孩子吗”，从而全身戒备。

令人惊讶的是，这种反应非常自然。除非确信马上就会有奖赏，否则我们的大脑本能地会把大多数变化都当作威胁。对于大脑而言，威胁并不仅仅是让你生命危在旦夕的事物，虽然这些确实是最强烈的威胁。威胁也可能是大脑认为认知资源分配不当的任何事物。如果你慢慢习惯了某种做事方式，做事的过程就会变得自然而然且省时省力。如果要对任何惯常的程序做出改变，无论是工作的方式、一天的作息安排还是吃饭时吃什么，都需要付出额外的刻意努力，同时还要消耗额外的能量。这时候大脑就会离开舒适自足的状态，唤醒边缘系统的监守部位——杏仁核，继而触发威胁反应。

持续改善法的秘诀是潜移默化、和风细雨地做出改变，不会诱发大脑的威胁反应。如果你用手指去触摸温热的表面，会感觉到稍有温度，但不会产生激烈的反应，可是如果触摸到滚烫的表面，没等有意识的大脑意识到怎么回事，手就会本能地快速缩回来。同样，旁边有人在窃窃私语时，你还可以继续工作，可如果静悄悄的办公室里突然有人大喊一声，我们多数人都会被吓得跳起来。持续改善法就像一个温热而非滚烫的表面，像窃窃私语而不是高声叫喊。你采取的行动应细小琐碎、循序渐进，貌似无关紧要，就如《一个小步骤可以改变你的生活：持续改善法》的作者、心理学家罗伯特·毛雷尔所言："这些改变悄无声息地发生了，而你的杏仁核浑然不觉。"

保持不变

如果你想利用抑制和意志来养成一个新习惯，可能非常困难。每逢新年估计有 50% 的美国人都会许下新年愿望，可其中 92% 的人的愿望都会落空。

依靠"坚强的意志"来坚持新年计划虽然貌似合情合理，这样的决心也可敬可佩，但是这种做法非常耗费能量，而且基本上肯定会失败。这种做法如同仅凭一箱汽油就想开车走遍美国一样。即便路途平坦、豪情万丈，你也不可能从美国东海岸走到西海岸。关键就在于能量问题：汽油耗尽了就是耗尽了。驱动有意识的大脑的汽油就是葡萄糖，而大脑就像一辆经典的凯迪拉克或庞大的悍马一样，油耗巨大。做决定，构思计划，记住电话号码，坚持饮食习惯，这些行为都要依赖大脑的同一个区域，消耗着同一份有限的燃料。

坚持新年计划的关键是提高能量效率，方法就是把计划转化为习惯。毕竟对于我们多数人来说，一起床就打开咖啡机，吃完早餐后就刷牙，每天早上登录公司网络，把重要的电子邮件转发给团队的核心成员，做这些事情并不需要下很大的决心。套用一家著名运动服饰制造商的广告词：我们自然而然地就做了。

我们年初拟定的计划有些并不是什么宏伟的目标，可绝大多数人还是没有办法坚持到底。这是为什么呢？

如果只需要一个提示给无意识的大脑传递一个激活特定例程的明显信号便可以自动触发行为，那么这个新年计划就比较容易坚持。对于大多数根深蒂固的习惯，我们早就忘记提示是什么了。例如，开咖啡机这个习惯，提示可能就是每天清早踏进厨房的那一刻。至于刷牙，你吃完早餐后走进卫生间就会触发这个习惯。你的大脑早已掌握了这些提示，并建立了与之匹配的例程。新年计划的问题就在于缺乏和我们的日常习惯那样自然而然的提示。我们必须刻意地思考才会想起这些计划。没有提示的计划对大脑有限的意志力而言是额外的负担。

习惯很难通过蛮力来戒除或者培养。如第 2 章所述，与强大的无意识正面交锋注定会以失败告终。同理，改变习惯更可取的长期战略是利用认知柔术，即与无意识配合，而不是对抗。改变习惯的认知柔术就是有意识地操纵“提示”“例程”“奖赏”这 3 个因素。你可以采用一种称为实施意愿的策略，人为地创造大多数习惯都包含的3个因素来维持某个习惯。运用实施意愿时，你要有意识地选择提示、例程和奖赏。

运用“如果……就……”式计划来培养习惯

实施意愿俗称“如果……就……”或者“每当……就……”计划，运用起来非常灵活。你可以利用实施意愿将一个新例程与现有的提示结合起来，从而改变一个旧习惯，或者将某种提示与期望的例程联系起来，从而培养一个新习惯。举个例子，你决心把生活支出记录下来，但是，如果只依赖记忆力和意志力，这个宏伟的目标估计会和多数新年计划一样付之东流，你要做的是创造一个可以逐渐把计划变成个人习惯的实施意愿。你可以对自己说：“每当早上电脑正在启动的时候，我就把最近的收据收拢起来，放进一个信封里。”这样开电脑就成了一个触发提示，刺激你执行收拢收据的例程。你还可以在这个实施意愿上再追加另外一个意愿（如“每当我走路去餐厅吃饭的时候就把收据交给财务部”），从而完成记录开支的过程。这两件事情刻意多做几次，利用电脑启动的时间和走路去餐厅的时间作为提示，慢慢地养成习惯。等哪一天因为什么事情忘了上交收据，你反而会觉得怪怪的。最终，实施意愿会和多数习惯一样，变成自然而然的行为。

上司与下属探讨个人发展时往往会要求下属针对某些行为做出改变，这时候确立实施意愿非常有好处。事实上，我们发现一个人许诺要做出改变时，如果能提出具体的实施意愿，实现特定目标的概率就会翻番。

举个例子，有一位员工和上司会面，答应上司以后开会的时候自己会“表现得更加踊跃”。这个目标很好，可到底是什么意思呢？大多数公司都喜欢将这种个人发展目标表述为所谓的“SMART”目标，规定员工的行为必须具体明确、容易衡量、切合实际且合乎时限。以这位开会要更积极发言的员工为例，如果会议共有 6 个人参加，他可以承诺在 60 分钟的会议期间自己的发言时间至少要达到 10 分钟。

遗憾的是，这样的承诺虽然清楚地界定了他要达到的目标，但并没有针对怎么实现这个目标提供任何具体的指引。这位员工究竟应该在会上的什么时候发言呢？很有可能会议刚开始时他满心想表现得更积极一些，可犹豫纠结了半天，结果等到会议结束也没有张口。

这位员工需要的其实是实施意愿。针对这位腼腆羞涩的员工，我们建议他可以制订一个“每当……就……”式的计划，设置一个提醒他加入会议讨论的简单提示。每当上司有意地按一下圆珠笔头发出“咔嗒”声的时候，这就是这位员工应该发言的信号。创建了这个提示，开口发言的例程也随之建立起来。这个小小的变化效果显著,不仅让这位员工更积极地参与会议讨论，也使他开会时更加专心。此外，每次会议之后其他团队成员提供的即时反馈对他而言也是一种激励，于是他开会发言的次数越来越多，发言的质量也越来越高。

这便是实施意愿的基本模式，一旦你领会其中的原理，便可以十分轻松地将其应用于生活的方方面面。你可以通过各种方式利用实施意愿来改变团队成员的各种个人习惯。举个例子，你可以设置一种每 20 分钟响一次的声音信号提醒你给客户打电话，也可以创建一个每次打完电话以后站起来伸伸懒腰舒缓压力的例程。我们有一位同事，他原来开车碰到交通拥堵的时候经常会焦躁不安。现在，每逢他开车在红绿灯路口被堵住时，他就趁机做一下腹式呼吸。这个新的例程有双重好处，不仅让他不再烦恼于交通拥堵，还让他进行了放松身心的呼吸训练。

这些简单的改变有时产生的结果简直堪称奇迹。根据加州大学圣塔芭芭拉分校心理学家乔纳森·斯库勒的说法，这些改变的神奇之处就在于只需要机械地遵循严谨的“每当……就……”模式，根本无需考虑具体内容。例如，每当关闭办公室的门时，你就想一想公司的经营理念。每当读完本书的一章时，你就回头想想这一章的 3 个要点。

“描述、转移、保持”三步习惯改变法

有些习惯非常顽固，似乎根本无法戒除。我们很多人都受到某些强迫症的困扰，如咬指甲、不停地查邮件等，还有——像珍妮弗·安妮斯顿和奥巴马总统一样——抽烟。

加州大学洛杉矶分校精神病学教授杰弗里·施瓦茨博士提出了一个专门为强迫症患者设计的包含 4 个步骤的习惯改变过程。虽然我们大多数人的习惯尚未上升到强迫症的程度，不过我们还是把施瓦茨博士的 4 个步骤简化为 3 个简单而有效的过程——描述、转移与保持。我们称之为三步习惯改变法。

描述。要戒除一个根深蒂固的习惯，第一步就是确定触发这个习惯的诱因。例如，“我觉得很紧张，我一紧张就会咬指甲”，或者“我在喝啤酒，我一喝啤酒就想点根烟边喝边抽”，又或者“我做这个项目时找不到突破的思路，我一没思路就想查收电子邮件”。

这个步骤似乎听起来有点耳熟。确实，其依赖的认知方法与第 2 章中探讨的贴标签的认知方法相同。同贴标签一样，描述习惯的触发诱因会产生元认知或“关于思考的思考”。元认知会把一个原本无意识的过程切换到有意识的领域，还会增强你对当下情境的整体意识，激发正念的力量（见第 3 章）。这样就打开了一扇机会之窗，让你得以重新获得对无意识反应的有意识控制，并为下一个步骤做好铺垫。

转移。这个步骤就是运用认知柔术（见第 2 章）来抑制你的冲动，而不是借助需要耗费大量能量且让大脑不堪重负的自我控制。将习惯的能量转移至其他事物。如果你想点根烟边抽边喝酒，试试吃些椒盐卷饼来下酒。如果你想咬指甲或查收电子邮件，那么就培养另一种做法，如在一张纸上写数字，这样可以把你的注意力从原来的强迫行为中暂时转移开来。

附带说一句，最能有效地转移注意力的事情往往轻松而愉快。这些事情会让你处于一种奖赏状态，激发多巴胺的分泌，让大脑更容易接受改变。遗憾的是，许多人选择了根本没有吸引人的事物来转移注意力，就像成心想要惩罚自己似的，结果改变习惯的努力最终无法奏效。譬如，你为了分散自己

想吃一份美味的巧克力冰淇淋的想法，就强迫自己吃一盘生的布鲁塞尔芽菜，就算你不是一个训练有素的神经心理学家，也会意识到这个方法注定会失败！

同描述一样，转移注意力可以将能量从掌管大多数习惯的大脑无意识区域重新调回到有意识注意所在的前额叶皮层。描述同第 2 章中所述的贴标签类似，而转移注意力则同第 2 章中所述的认知重评颇有共同之处。直接抗拒一个习惯和压抑某种不良情绪一样，都是徒劳之举。事实上，这两种行为往往有弊无利。无论是改变习惯还是排遣情绪，认知柔术（即转移习惯或情绪的能量而非直接抗拒，从而巧妙地利用无意识的力量）更有可能取得良好效果。

有时候，即便只是短暂的能量转移也足以打破坏习惯的大脑回路。医生兼知名替代医学倡导者安德鲁·威尔博士提到了一种温和的厌恶疗法，这种疗法的主要手段就是在你的手腕上戴一条橡皮筋。每当你发现自己出现咬指甲之类的坏习惯时，就拉起手腕上的橡皮筋弹一下，让手腕刺痛一下——不必痛得龇牙咧嘴，不过也不能过轻，好让你意识到自己的习惯，提醒自己马上停止不良习惯。

保持。如果你已经养成了可以有效替代坏习惯的好习惯，关键在于保持这个习惯。有些时候，保持某个习惯指的是这个习惯的持续时间。这一点对于强迫症患者特别重要。举个例子，如果你总是忍不住查收电子邮件，你忍住"不屈服"于这个坏习惯的时间越长，新的神经元通路就会越牢固。而有的时候，保持新习惯指的是这个习惯的重复次数。新习惯重复的次数越多，这个习惯就会变得越稳固，更重要的是旧的坏习惯就会变得越薄弱。由于新旧两个习惯会针锋相对、互相较劲，你需要在有意识的思维中保持新的习惯，直到这个习惯的力量赶上并最终超过无意识的旧习惯。等到新习惯后来居上之后，新习惯就像其取代的旧习惯一样，又会被将来更新的习惯取代。

虽然只有亲近的朋友和家人才知道真相，不过奥巴马总统似乎确实戒掉了抽烟的习惯。至于詹妮弗·安妮斯顿是否已经成功戒烟，我们还有点不确定。可以肯定的是，抽烟让我们清楚地认识到了有的习惯是何等顽固。

习惯让我们认识到了无意识的力量和功用，可无意识的作用并不仅仅在于形成习惯。虽然“我们只使用了10%的大脑”这句俗话并不属实，我们确实可以通过某些方法学习更有效地使用我们的大脑。事实上，这便是下一章的主题。

第4章小结

改变习惯非常困难。我们的大脑喜欢阻力最小的路径。为了开拓新的神经元通路，必须让大脑相信为此付出额外的努力是值得的。

改变习惯。培养良好的习惯和摆脱不良的习惯都要用到相同的基本技能：(1)设定目标与动机；(2)开始行动；(3)保持不变。

全情投入。有的目标理论上貌似不错，可未必能够实现。为了成功实现目标，你的目标必须能让你全情投入。

目标让我动心的地方是什么？一个人在追求目标时如果没有倾注个人的情感，则不太可能改变自己的行为。除非他们预感到实现目标可以得到切实的奖赏或避免真切的威胁，否则他们可能不过动动念头而已，却不会付出改变行为所需的必要努力。

万事开头难。开始行动的最大障碍就是拖延。要击败大脑厌恶改变的天性，就要采用持续改善法，每次只完成一个小步骤，循序渐进地改变自己的行为。这样你就可以稳步前进，同时又不会触动大脑与生俱来的警惕反应。

要长期保持一个习惯，需要有一个触发提示。如果你希望自己的改变能够长久保持，只有良好的意愿是不够的。你需要把新的例程与一个触发提示相结合。触发提示和例程相结合的结果在专业上称为“实施意愿”，不过更为人熟知的名称是“如果……就……”或“每当……就……”式计划。

第5章 释放你的无意识

有时你做出最为快速、明智的选择时，有意识的大脑并没有直接参与其中。

火警警报拉响的时候大家都在休息，尖利的声音在消防局回荡，顿时打破了刚才的平静——一幢独户住宅的厨房着火了。

消防车赶到现场，消防队副队长带着一帮拿着水龙带的消防员冲进房子，可他立即感觉到情况有些不妙。起火的应该是厨房，可客厅比想象的要热得多，而火势又比想象的更安静。原本起火就会有哔哔啵啵的声音，而这么热的烈火声音应该更响才对。更令人不安的是，消防员根本没办法扑灭从厨房里冒出来的火焰。

副队长觉得不能再耽搁下去了，这场火灾让人感觉就是有点不对劲。他命令手下的消防员立即从房子里撤离出去。最后一个人冲出房子之后几秒，整个客厅的地板都坍塌了。他们如果再多待一分钟，有些（可能全部的）消防员估计就葬身火海了。

多年以来，这位副队长一直相信当时是某种超感觉让他意识到了即将发生的危险。他的想法其实错了。虽然科学家对于是否有人拥有超感觉这一点尚无定论，不过消防员能够死里逃生，应该归功于我们都拥有的东西——强大的无意识大脑。

无意识的力量

大脑中最为强大而又最不受重视的部分是你根本没有意识到的部分——无意识。德国法兰克福马克斯·普朗克大脑研究所的前任主任沃尔夫·辛格认为，我们的无意识掌管着大部分的决策活动。事实上，每当我们采取行动时，我们有意识的大脑往往是最后知道的。这其中自有道理：为了保全性命，我们的无意识大脑运转得更快。毕竟，当遭遇一只野兽袭击时，你根本没有时间权衡利弊、斟酌最佳方案。无意识让你不假思索地做出反应，保持心脏继续跳动，呼吸不会停止，切切实实地保全你的性命。此外，不像工作记忆通常每次只能容纳 4 条信息，无意识的能力基本上是无限的。

分析麻痹

虽然我们的思考大多是在有意识的大脑中发生的，但是有意识的大脑存在两个严重缺陷：我们的工作记忆能力有限，还会出现心理学家称为“分析麻痹”或“决策疲劳”的风险，因此无法胜任需要综合评价的活动。

工作记忆虽然很灵敏，但容量很小。事实上，仅凭工作记忆基本上无法完成复杂的有意识决定，因为工作记忆根本没有足够的空间或资源来容纳所有的变量。当工作记忆的能量耗尽时，你就会产生决策疲劳。决策疲劳不会降低大脑的总体活跃度，而是增强大脑某些区域的活跃度，同时减弱其他区域的活跃度。大脑更加注重短期奖赏而漠视长远利益。想想看，你是否曾经因为喜欢一辆车的颜色而不顾其有过不良安全记录依旧执意把它买了下来？如果是这样，你可能就犯了决策疲劳的错误。

思考问题时如果少想一些，答案可能反而更巧妙。

虽然这听起来颇为诡谲，但是思考问题时如果少想一些，答案可能反而更巧妙。通常，如果时间不够，有意识的信息也不足，大脑“负责思考的部位”前额叶皮层的活跃度又较低，最终做出的决定可能反而更明智，采取的行动和得到的结果也更理想。每个人都有可能出现这样的情况，只不过相关领域的专家尤为如此。有些时候，我们想得越多，反而离最佳结果越远。

无意识是关键

熟练的决定就像熟练的任务一样，往往是在没有意识的时候完成的。早上刷牙或冲咖啡的时候你根本无需思考，因为这些都是一成不变的日常习惯。而如果某项任务需要你对新鲜多变的信息做出反应，这时候的不假思索就是另一码事了。认知心理学家在范德堡大学和神户大学进行了一项别开生面的实验，实验中研究人员让熟练的打字员看着一幅空白电脑键盘的图像，要求他们每次在一个按键突出显示时说出这个键代表的字母。大多数打字员对按键位置的记忆都非常不完整或不准确。虽然他们认对了一半的按键位置，可也认错了将近23%，省略了近20%。要知道，这些都是经验丰富的打字员，平均打字速度为每分钟超过76个词，平均正确率接近95%。然而，尽管平时打字熟练，但平均而言，他们能明确认出的按键只略多于一半。这些人打字快并不是因为他们有意识地知道按键的位置，而是因为他们完全无意识地知道这些按键的位置。

不准确的成绩预测

就信息而论，多了未必好。在一项研究中，研究者要求咨询顾问仔细研究与一些高中毕业生相关的资料，并据此对他们大学一年级的成绩进行预测。他们掌握的资料包括成绩单、大学申请书、性格测试和职业测试的结果，甚至还有面对面的访谈资料。与此同时，研究者还选取了两个数值：每个学生的平均成绩和一次标准化考试的成绩，然后运用一个数学公式进行了相同的预测。结果，运用简单公式进行的预测比咨询顾问的仔细评估更加准确。已故诺贝尔奖获得者赫伯特·西蒙大半辈子都在研究决策，他简洁地解释了这一现象：“大量的信息造成了注意力匮乏。”

发挥失常

分析麻痹的一个更生动也更常见的例子是发挥失常，这是一种与运动密切相关的现象，不过几乎在任何高压情况下都会发生，包括商界。

有趣的是，发挥失常与情绪调节失败恰恰相反。众所周知的杏仁核拦截就是一个情绪调节失败的例子，这时一个人会抛却常识，做出冲动甚至有害的行为。杏仁核拦截的时候，我们的威胁反应占了上风，而更合理周全的有意识大脑则停止了运转。

发挥失常的时候，前额叶皮层拦截了无意识的大脑。一名职业高尔夫球手如果开始认真思考自己击球的具体动作，心里就会突然一阵紧张，结果原本流畅的击球动作被不必要的分析干扰了。

> 初学者想得多可能有好处，而高手想多了反受其扰。

职业高尔夫球手比业余爱好者更容易因为紧张而失手，这一点反映了一个有趣的现实。专家直觉和新手直觉之间，或者专业高尔夫球手和业余爱好者的击球之间有一个关键的区别：初学者想得多可能有好处，而高手想多了反受其扰。

举个经典的例子。网球比赛期间一个实力较弱的球手称赞对手漂亮的反手回球时就会出现这种现象。这位菜鸟球手假意崇拜地问道："哇！你是怎么打出来的？你是握拍的时候稍稍挪了个方向还是把肘部向外转开一点点？"即便对手一时没能明确地回答这个问题（他就算是一个高手，可能也没办法说明白），也很可能已经受到干扰了。他的下一次反手球就不会像前一次击球那样漂亮了。这是因为提问题的球手让对手有意识地去思考自己原本不自觉就能完成的事情，这样往往会干扰原本平稳的击球过程，打乱球手的节奏。几乎所有的运动员都有过不愉快的发挥失常的经历，不过通常并没有外界因素干扰。但是在上述网球比赛的例子里，球手的刁钻问题导致对方出现了发挥失常。

当你在学习、练习和改进一项新技能的时候，有意识的大脑对于梳理、分析和反思所学的东西至关重要。你要保持双脚张开与肩同宽的距离，调整握拍的力量，或者保持胳膊适当弯曲。可等你成了高手时，这些信息早已成为你程序记忆的一部分，你打球的时候就不再使用有意识的大脑了。你的击球动作会变得更平稳，更自信，也更准确。同理，如果你已经非常娴熟，做决定也会更加迅速、坚定。停下来思考自己在做什么不仅毫无必要，还会受其干扰。

无论你是职业高尔夫球手还是跨国公司的高管，避免出现发挥失常的方法就是尽量多依赖大脑的秘密武器——无意识的直觉，减少前额叶皮层的负担。

多使用无意识的大脑可以提高你工作的速度、效率和准确性。无意识在做决策、解决问题、运用创造性方法方面都发挥着主要作用。

直觉的决定

2009 年，机长切斯利·伯内特·“萨利”·萨伦伯格三世驾驶的商用喷气式客机在飞经加拿大上空时遭遇一群大雁，这群大雁突然被吸入发动机，飞机因此遭到严重损坏。他迅速做出反应，最终在哈德逊河上紧急迫降，机上的 155 名乘客全部幸免于难。虽然这一事件让萨伦伯格成了举国瞩目的英雄，但他的言辞很慎重。他在接受美国哥伦比亚广播公司新闻主播凯蒂·库里克采访时说道：“对于这件事，我们可以这么看。42 年来，我一直在航空行业不断积累经验、接受培训，如同往一个银行不断存入小额存款，而 1 月 15 日这一天的超常发挥相当于我的存款非常充足，所以一下子取出了一笔巨款。”

韦恩格·雷茨基可能是有史以来最伟大的冰上曲棍球运动员，他虽然相貌平平，可似乎总能不可思议地掌握时机，打出漂亮的球。雷茨基表示：“要想打出好球，你不能滑到冰球当时所在的地方，而是滑到冰球即将要到的地方。”由于他出神入化地运用了球迷所谓的“曲棍球感”，韦恩格·雷茨基在整个职业生涯中的得分是美国职业冰上曲棍球联赛历史上最高的，也是唯一单个赛季得分超过200分的球员，而且有4个不同赛季的得分都超过了这一数目。

无论是萨伦伯格机长还是韦恩格·雷茨基都没有时间多想，两人都必须凭直觉快速做出决定。虽然人们常常误以为直觉的决定纯属随机偶然，说明技能不熟练，其实事实恰恰相反。直觉的决定通常是多年经验和数千小时练习的产物，代表着长期积累的专业知识得到了最有效的利用。

抛硬币

觉得直觉决定没有价值的人担心凭直觉行事就像抛硬币一样随机。他们的担心纯属多虑，其实抛硬币是一个做决定的好方法，不过其中缘由可能不是你想的那样。如果你在两个似乎旗鼓相当的选择之间举棋不定，那么就抛硬币决定吧。如果硬币为你做出的决定让你很满意或者松了一口气，那么就遵循这个决定。如果抛硬币的结果让你焦虑，甚至想不通自己怎么会用抛硬币来做这么重要的一个决定，那么就遵循另一个选择。实际上你的“直觉”会提醒你做出正确的决定，只不过借随机抛硬币来表明这个决定罢了。直觉是什么？为了回答这一点，我们需要更好地了解一下直觉的构成。

直觉的构成

大脑的两个区域驱动着直觉的决定：基底神经节和脑岛。如第4章所述，基底神经节管理着存储在大脑中的模式和例程，这些模式和例程体现了长期积累的专业知识。脑岛（也称为脑岛皮层）则负责身体意识，对身体的任何变化都非常敏感，不仅掌握着心跳等重要功能，还留意着皮肤冷热、膀胱充盈和胃胀等情况。总之，脑岛很重要！

当你需要做决定时，无意识大脑就会立即开始运转，而你可能根本没有意识到这一点。等到你最终设法做出有意识的决定时，大脑会把这个决定与无意识做出的决定进行比较。如果有意识和无意识的决定恰好一样，你的大脑就会启动一个微妙的奖赏反应。如果两个决定不相符，大脑则启动一个威胁反应。这两种反应都会触发身体的变化。

如果大脑预期会得到一个奖赏，但结果没有得到奖赏，就会启动惊讶反应。这种惊讶反应由前扣带皮层负责处理。前扣带皮层聚集着大量多巴胺神经元，是一个错误探测器。当预期的奖赏没有到来时，前扣带皮层就会产生一个称为错误相关负波的电信号。（前扣带皮层有时被戏称为“哎呀，糟了”回路。）

由于脑岛的作用，对自己的身体有良好意识的人可以感觉到身体的变化。这就是为什么直觉的决定经常被称为第六感。我们会通过自己感觉的微妙变化来判断一个选择是好是坏。

专家直觉

专家直觉并不是完全无意识的感觉。正如萨利·萨伦伯格所言，专家直觉要依赖大量的经验，首先要有意识地搜集所有做决定需要的数据，然后转移有意识大脑的注意力，让无意识开始发挥作用。

专家直觉决定与有意识决定的基本原理相同，只不过直觉决定速度更快，更有效率，对大脑有限资源的消耗更少。不妨这么想：你可以亲手洗餐具，也可以把餐具小心地放入洗碗机，加点洗洁精，关上门，启动洗碗机电源，然后就可以安心去看书或跑步了。这样一来，餐具可以洗得更快，更加干净，而你花费的精力也更少。运用专家直觉就像用洗碗机洗碗，省时省力。

直觉决策通常更好，因为拥有的大脑空间更多。譬如，你家里有几百册藏书，想把这些书籍全部按字母顺序排列。有意识的分析就像是努力在电话亭大小的狭窄空间里重新给这些书本排序，而直觉就像在宽敞的客厅地板上整理书本。

心理学家约瑟夫·约翰逊和马库斯·拉布曾经邀请一群手球运动员观看

高水平赛事的视频，在观看的时候他们会时不时暂停视频，让每位球员快速选择他觉得最好的下一个动作，接着再花点时间想想还有没有其他可供选择的动作，然后才继续观看。研究人员发现，第一选择几乎总是最好的选择。

很多竞技类游戏都需要分析局势、深谋远虑，特别费脑，国际象棋尤为如此。然而，正宗的国际象棋大师透露了象棋布局不为人知的真相。“当然，审时度势的结果有时比直觉更准确，但通常只是白费脑筋而已。”马格努斯·卡尔森说道。卡尔森深谙象棋之道，他在年仅20岁的时候就超越了传奇象棋大师加里·卡斯帕罗夫，成为历史上排名最高的棋手。虽然象棋棋手向来有无比理性、精于分析的美誉，但是卡尔森成为世界冠军的秘诀显然并非分析局势、运筹帷幄。他在接受《金融时报》采访时解释道：“我通常都是跟着直觉走，大多数用来思考的时间只是再次确认自己的招数而已。”

为什么我们不信任直觉

如果专家直觉比有意识的决策更迅速、更有效、更准确，为什么没有更多的人和公司依照直觉行事呢？

不妨想想，你跟公司的高级管理层说打算把业务拓展到一个新市场，而且准备投入大量资金，而做这个决定的缘由是你有一种直觉认为必须这么做，结果会怎样？想想这番话能让人信服吗？这样的情景即便是了解直觉力量的人也会心生踌躇，暗暗琢磨（甚至大声说出疑虑）：“如果搞砸了，怎么办？”

这种对直觉与生俱来的担忧会导致德国心理学家格尔德·吉戈伦泽尔所谓的防御性决策。在讲究规避风险的商界，凭直觉做决策的管理人员常常觉得必须用数据来支持这些决策。他们因此不得不事后再对原本源于直觉的决定做详细的解释。同理，经验丰富的医生对患者的病情做出即时诊断之后依旧觉得必须做一番昂贵甚至需要开膛破肚的检查，从而证明自己原本就对病情了如指掌。更糟糕的是，企业领导者可能会舍弃直觉做出的第一选择，改而采取第二个甚至第三个选择，仅仅是因为他知道自己可以提供支持这个选择的事实和数据。吉戈伦泽尔估计，有三分之一到一半的重要决定都会采用这种谨小慎微、退而求其次的决策方法。这正如他对《哈佛商业评论》的记者所言："防御性决策损害了公司利益，却保护了决策者。"

人们对直觉的普遍不信任源于许多因素：历史的偏见、偏颇的分析和对直觉真正含义的误解。

历史的偏见

启蒙运动开启了一个理性的时代，推崇科学和数学，破除了有时会置人于死地的迷信。然而，启蒙运动在某些方面并不够开明，至少遗憾地牺牲了一个事物——直觉，可谓文明进步过程中附带的损害。在一个理性的时代，直觉为人所憎恶。时代领袖们绝大多数是男性，凡事讲究理性为先，往往不仅把"凭着感觉走"称为"直觉"，还斥之为"妇人之见"，让直觉的名声更加不堪，暗示着直觉是大家不惜一切代价都要避免的东西。

这样的说法一旦普及，直觉便成为洪水猛兽，众人唯恐避之不及。

偏颇的分析

虽然我们自认为从启蒙运动以来已经有所进步，但积习难改。我们仍然推崇有意识的理性思考，对专家直觉不以为然。而另一个难以忽视的因素就在我们的额头中央：前额叶皮层。前额叶皮层是有意识思想所在的部位，轻视依赖无意识的决策纯属理所当然吧？

前额叶皮层也是负责专注和分析的大脑部位（见第3章），这个部位就像一个满腹阴谋、居心叵测的刺客，千方百计想让我们相信直觉的作用永远也不可能优于自己尽职尽责提供的有意识服务。

对于直觉和理性分析，究竟应该选择哪一个？细想之下，对直觉的普遍偏见可能是错误的，不过也在情理之中。决定哪种方法更好的是哪个大脑部位？当然是有意识的大脑！假设你参加了一场宝宝选美比赛，而比赛唯一的评委的宝宝也参赛了，你会相信这场比赛公平公正吗？当然不会！有意识的大脑自然而然就会偏袒它自己。作家、神经学家罗伯特·伯顿博士曾在其著作《怀疑论者的大脑原理学习指南》中说道："聘请大脑担任了解大脑的顾问，就好比让一个众所周知的骗子出示自我评价和推荐信一样。"

直觉的一个主要特征是：我们有时候说不出来是什么导致我们做出了某个决定。我们的直觉反应和随后做出的决定是整个复杂过程进入意识的仅有的两个要素。这也是消防队副队长把撤离火灾现场的决定归于超感的原因。彼时彼刻，他没办法说出更恰当的理由，只是觉得这么做是对的。可想而知，这样的不明所以、含糊其辞无法让有意识的大脑信服，因为有意识的大脑需要的是解释而不是感觉。事实上，神经学家戴维·伊格尔曼有时喜欢将大脑的不同区域比作一群“对手”。这些区域虽然一起共事，但各自的动机都略有不同，而直觉的动机似乎与理性大脑的动机互相抵触。

真的是这样吗？人们对直觉的一个常见诟病是“太情绪化了”。我们都冠冕堂皇地更加青睐沉着冷静、深思熟虑的决策。遗憾的是，这种态度表明我们从根本上误解了理性决策过程的实际运作原理。

现代神经科学曾研究了一位名字简称为 E.V.R 的著名患者。他的大脑额叶里的一个部位（称为腹内侧前额叶皮层）长了一个肿瘤。虽然肿瘤被成功地移除了，E.V.R 表面上看起来也很正常，但是在工作和生活中都变得很不靠谱，他上班经常迟到，无法完成任务，对于任何大小事情都无法做出决定。他的腹内侧前额叶皮层受过的损伤虽然没有损坏他的记忆和智力，却切断了他的大脑中思考和感觉部位之间的一个重要连接。

我们做选择时心中都有目标，而目标又与奖赏回路和威胁回路相关。换句话说，我们做出的每一个决定（即便是决定下一步要处理什么任务或午餐要点什么菜这么琐碎的事情）都含有情绪因素。情绪不仅影响了我们的决定，也是决策过程不可或缺的组成部分。神经科学家安东尼奥·达马西奥认为，就某个层面而言，即便是理性的决定也都是直觉的决定。没有情绪因素，我们就无法一直记住目标；而没有目标，我们就无法决定什么信息与做决定相关，什么信息无关紧要。E.V.R 做选择时缺乏情绪因素，因此大脑中充斥着各种庞杂琐碎的信息，连最简单的选择也无法完成。

就某个层面而言，即便是理性的决定也都是直觉的决定。

我们并不了解直觉的真正含义

如果我们说直觉告诉我们超级足球明星梅西会在踢下一个角球时进球得分，这其实根本不是直觉，而是胡乱猜想。如果有人看了一下你的手相，说你会遇到一个身材魁梧、面色黝黑的陌生人，那么这就不是专家直觉，而是谎话。如果你在某个城市或小区经历过痛苦的事情，再次回到那里的时候就会有一种“不舒服的感觉”，则这也不是直觉，而是过度敏感的威胁反应。

我们在这本书里所说的直觉指的是专家直觉，是一种运用常年积累的专业知识更加快速地分析信息的方式。专业知识不可或缺，否则直觉起不了作用。我们所谓的直觉不是指随意瞎猜。遗憾的是，许多人听到“直觉”一词时就会想到胡猜乱想。如果你对某个领域或某个行业不甚了解，那么仅凭直觉行事并不明智，可能也不负责任。不过，如果你已经积累了许多专业知识，直觉可能就是最好的行事方式。

人们之所以对直觉存有偏见，其中一个原因是多年来直觉一直都被斥为“不符合科学”。事实上，如果你上网搜索“直觉”这个词，就会搜出一大堆鱼龙混杂的信息，既有正规合理的神经科学论断，也有神乎其神的歪理邪说。

事实上专家直觉并没有什么神奇之处，而是有着坚实的主流神经科学原理。直觉是常年积累专业知识和实践经验的产物，能够结合过去的经验与外部线索做出无意识的决定，而这一决定又体现为一种称为第六感的身体反应。决策专家赫伯特·西蒙表示：“直觉和判断只是固化成习惯的分析而已。”

直觉的决定其实并不是霎那之间做出的仓促决定。恰恰相反，无意识的大脑往往在一个问题还未出现的时候就早早为答案做好了铺垫。事实上，终其一生，你的无意识都在积攒各种经验，堪称大脑内包罗万象的百科全书。迪士尼前任执行总裁迈克尔·艾斯纳深以为然，他说：“直觉本能就是成千上万不计其数的经历的总和，这些经历凝聚的经验让你能够做出合理的决定。”

虽然迅如闪电的直觉决策确实偶尔容易受到其他因素影响，但耗费时间（而且经常耗费金钱）的理性决策也同样容易出现巨大的判断失误。

为什么我们不应该始终相信理性决策

若论近代历史上最不幸的经营失败，则1985年推出的新款可口可乐理当位列榜首。新款可口可乐是传统软饮料品牌可口可乐对老款产品进行精心改良之后推出的新款，意在号称百事可乐挑战的著名可乐口味测试中击败百事可乐。虽然可口可乐公司拥有大量令人鼓舞的数据来证明新款可乐的口味变化合情合理，但是这款可乐刚一上市就恶评如潮，彻彻底底地失败了。事实上，为了平息公众铺天盖地的强烈抗议，可口可乐公司被迫在仅仅70天之后又推出了经典可口可乐，改回了老款可口可乐的口味。多数钟爱可口可乐的民众单凭一瞬间的“直觉本能”就可以决定可口可乐公司花了几个月时间精心研究、搜集了大量数据还无法掌握的口味优劣。有消费者坦言：“如果‘新款’可口可乐喝起来味道和百事可乐差不多，那我为什么不干脆直接喝百事可乐呢？”

所以说，直觉虽然不完美，可理性决策也有缺陷。可口可乐公司的故事证明了理性决策有时候也会大错特错，不过这只是其中一个引人注目的例子，其实还有很多其他例子。

克莱顿·克里斯滕森的经典畅销商业书籍《创新者的困境》讲述了成功的行业总是信心十足地认为新兴的竞争行业不会构成什么威胁，如百货商场对折扣店的蓬勃发展无动于衷，大型计算机公司对个人计算机的异军突起毫不担心，电缆驱动式土方机械制造商目睹液压机械设备层出不穷时依旧觉得高枕无忧。为什么这些公司如此淡定呢？因为他们仔细做了调查，掌握了各种数据来证明竞争对手不足为虑。他们都做出了理性的决定，打算沿着自己的康庄大道一路走到底，虽然这条康庄大道后来变得崎岖不平、举步维艰。

尽管施乐公司曾经雄霸影印市场，但这个公司难能可贵地认识到了研发的重要性，于是在20世纪70年代初期设立了施乐公司帕洛阿尔托研究中心。遗憾的是，帕洛阿尔托研究中心当时正在开发的工具（包括鼠标、图形化用户界面和激光打印机）让公司的管理层有点紧张。施乐公司担心某些创新可能会破坏公司的复印机核心业务，于是遏制了这些创新理念。但是，公司的遏制并没有阻止前来研究中心参观学习的游客的脚步，这些游客当中有两位名为比尔·盖茨和史蒂夫·乔布斯的年轻人。多年之后，乔布斯回顾起那次意义非凡的参观之行，有点难以置信地说："他们根本不知道自己创造了怎样的奇迹。"如果没有帕洛阿尔托研究中心开发的那些工具，互联网时代的计算几乎是不可想象的。然而，理性决策使得施乐公司没能好好利用这些工具。

如果自己不确定，那就让无意识来代劳

既然直觉和理性决策都有可能失败，领导者应该怎么办？有一种历史悠久的管理战略也适用于个人决策。许多决策场合中使用大脑的最佳方式是将大部分工作留给无意识的大脑去完成，而有意识的大脑主要负责监督与审查无意识的决策过程。无意识的大脑擅长快速有效地完成工作，有意识的大脑则擅长检查复核，确保决策妥当。可见，前额叶皮层中的主要活动之所以常常称为管理功能，原因就在于此！

提高直觉决策能力的窍门

虽然有些人的直觉天生比其他人更灵敏，不过直觉可以通过积累专业知识、增强身体意识来改善。

1. **积累专业知识。**当你无意识地利用丰富的经验和专业知识的时候，就会做出最好的直觉决定。可是如果你目前还不是某个领域的专家，那么你还是运用理性分析来做决定比较好。

2. **增强身体意识。**所谓的第六感是专家直觉的一个关键组成部分。研究发现，正念（如第3章所述）可以增厚右前脑岛的灰质，而右前脑岛这个区域负责让身体能够识别微小的警示标志。

3. **学会什么时候可以和什么时候不可以相信直觉。**如果直觉决定是依据常年积累的专业知识做出的，那么就是有效的，通常也是可靠的；而依据根深蒂固的刻板印象或偏见做出的决定则不然。

无意识不仅在有效决策中发挥着关键作用，在解决问题中亦然。虽然理

性的有意识决定依旧影响重大，但世界上最新颖独特的一些想法都是创造性顿悟的产物。这些想法都是灵光乍现的神来之笔，是思想天马行空时灵感突发的产物。了解引发创造性顿悟的因素对于促进创新至关重要。

理性地解决问题

很多时候，仅凭理性来解决问题就足够了，通常也是更好的选择，有时甚至是你唯一的选择。基本上所有数学问题都是靠理性解决的，即使你用了计算器也依然如此。不管你多么努力，也不可能突然灵机一动就想出一长串数字的总和。

下面是一个需要靠理性来解决的经典问题。一幢房子遭到抢劫后，警方逮捕了 4 名嫌疑犯甲、乙、丙、丁，并分别录了他们的口供。

甲说："是丙干的。"

乙说："不是我干的。"

丙说："是丁干的。"

丁说："丙说是我干的，他说的不是真的。"

事实证明，这 4 句口供中只有一句是真的，而且只有一个嫌犯真正犯了罪。你知道谁说了真话，谁犯了罪吗？[1]

这个问题的答案不可能无缘无故地突然在你的脑海中蹦出来。你需要运用逻辑把所有可能的情况都思考一遍，才能得到正确的答案。理性地解决问题需要利用前额叶皮层有限的空间有意识地对信息进行分析、比较和梳理，而不是在无意识的宽广空间中任意驰骋。

其他问题则通过理性思维和创造性顿悟两种方式都可以解决，拼字游戏就是一个很好的例子。有些人一看到下面这几个字母马上就可以拼出单词来：ARNIB。这些人迅速拼出单词利用的就是创造性顿悟。他们能一下子得出答案，证明了无意识的力量。有些人则可能需要按部就班地尝试各种字

[1] 丁说的是真的，乙犯了罪。

母组合，直到最终拼出正确的答案。这些人就是利用理性来解决问题的。运用理性可以深思熟虑、有条不紊，但因为使用了前额叶皮层的有限空间，因此速度也更慢。（顺便说一下，拼字游戏的答案是 BRAIN。）

创造性顿悟

古希腊学者、数学家阿基米德泡在浴缸里洗澡的时候终于想到了测量黄金纯度的方法。这个故事十分生动逼真，据说当时他因自己的发现欣喜若狂，浑身一丝不挂地在叙拉谷的街道上狂奔，边跑边喊："我找到办法了。"2000 多年后，电视发明家、神童菲罗·范恩斯沃斯在自家的农场里一板一眼地割草的时候突然想出了一种生成视频图像的方法。阿基米德的著名传说和范恩斯沃斯的故事都证明了世界上最伟大的发现有些是源于创造性顿悟的灵感突发。

创造性顿悟的构成

过去 25 年来出现了许多关键的技术创新，正因为得益于此，神经科学家终于对创造性顿悟的由来有了较为深入的了解。一般而言，产生创造性顿悟要经过 3 个阶段：僵局、顿悟时刻以及确定。

僵局

我们都知道身陷僵局的感觉。我们要解决一个问题，绞尽脑汁地想了好几个小时甚至好几天，可一直无法得到答案。这时候你的大脑通常会出动精锐部队——前额叶皮层区域，派出认知能力的全部力量来攻克这个问题。

然而矛盾的是，你越努力有意识地解决问题，就越难解决这个问题。（我们都熟悉生活中的类似场景，即所谓的"话在嘴边说不出"综合征，这个时候答案在心中呼之欲出，可就是说不出来。）说到底，解决问题不是单纯的计算，不是把一长列数字相加求和，也不是把晦涩的文字从古代语言翻译为现代语言。虽然我们在攻克难题的时候经常意识不到这一点，但是其实思考得越多，反而越解决不了问题，正所谓过犹不及。全神贯注原本是一个优点，可在攻克难题时，聚精会神反而限制了我们天马行空突发奇想的能力。

如前所述，注意力高度集中时，要依靠3种关键的神经递质——多巴胺、去甲肾上腺素和乙酰胆碱——来摒除所有外部刺激。可对于创造性顿悟而言，什么是外部刺激呢？问题难就难在这里。遗憾的是，当你专心致志的时候，前额叶皮层把外部刺激摒除得过于彻底，连同可能解决问题的途径也被隔绝在外了。实际上，解决问题的可能途径被隔绝往往都是无意识地发生的，所以你根本都不知道原来有过这些选择。人心不齐的团队往往也有个别成员像前额叶皮层一样，对任何新颖创意都一概反对。对于下面这样的人你肯定不陌生。有人提出一个非同寻常的建议，这种人马上就说："不行！这办法肯定行不通！"而且，他们往往不由分说地就截住了这个话题。前额叶皮层对外界干扰严防死守，结果把可能根本不是干扰的思想也排除在外，于是便造成了创造性顿悟的僵局。

为了对引发顿悟时刻的大脑活动进行测量，神经心理学家经常运用所谓的"顿悟问题"，下面是一个典型的例子。

蕾切尔和丽贝卡同年同月同日出生，同父同母，可她们不是双胞胎。为什么会这样？

一般而言，回答此类问题的人当中只有不到20%得出了答案，而得出答案的人往往立刻就知道自己的答案是正确的。

如果你想知道是什么样的狭隘视野使得创造性顿悟一开始便陷入了僵局，只需看看这个问题的前3个词即可：蕾切尔、和、丽贝卡。你的前额叶皮层想简化解决问题的过程，可能迅速便得出了这两个女孩是双胞胎的结论，这个思路虽然省时省力，却误入了歧途。因此，当你听到问题的末尾说这两个女孩**不是**双胞胎的时候，为时已晚。你的前额叶皮层已经先入为主地陷入了之前的思想境地，无法回旋。

僵局的关键之处在于你的有意识大脑会把它当作一个"放弃"的信号。前额叶皮层这时候会说："你的意思是我辛辛苦苦地摒除了所有干扰，而你居然还没有解决这个问题？算了，我要出去喝啤酒了，你自己看着办吧。"

说完这番话，前额叶皮层就松开了对可能让你的大脑应接不暇、疲惫不堪的外界刺激的严密控制。突然之间，这些刺激蜂拥而来。就如同你原本戴着耳塞和眼罩，现在两样都摘了，顿时耳聪目明。这时候你听到的声音好像更高亢，正常的房间灯光瞬间亮得让你眯起眼睛。你之前忽略的事物现在全都历历在目，无比清晰。你的前额叶皮层出去喝啤酒了，而你大脑的无意识部位则留守工作岗位。

这时便是奇迹发生的时刻。

顿悟时刻

创造性顿悟来自位于耳朵上方、称为前上颞回的大脑区域。专注的关键在于精准严密，而创造性顿悟的关键则在于建立连接。

突然之间，你恍然大悟，同年同月同日出生的孩子不一定是双胞胎。蕾切尔和丽贝卡还有一个同一天出生的同胞。她们不是双胞胎，而是三胞胎！

预示着即将产生顿悟的一个关键因素是从大脑右半球稳定发出的阿尔法脑波。阿尔法脑波表示大脑不再拘囿于实现某个目标的有意识想法，代表着彻底放松。这些脑波会摒除可能干扰问题解决的视觉刺激。

在得出答案的300毫秒前，大脑中的伽马脑波会出现一个峰值，这是大脑的最高电波频率。伽马脑波产生于神经元的相互结合，而这些神经元基本上是大脑逐个连接起来的。

通往创造性顿悟的大脑思考是无意识的，这一点非常关键。伦敦大学戈德·史密斯学院的神经科学家乔伊迪普·巴哈塔查亚解释说："如果阿基米德当时是有意识地关注着自己洗澡时的想法，他就不会惊喜地大喊'我找到办法了'。"

确定

创造性顿悟有一个特殊之处，就是当你最终得出答案时，你会有一种奇怪的确定感。即便我们自己还没得出答案，前额叶皮层一旦识别出正确答案，就会立刻激起欣喜的情绪。前额叶皮层实际上一直在背后默默地运行，暗中集结了解决问题所需的各个大脑区域协同工作，只有在成功地得出正确的答案后才会通知我们。等到顿悟时刻来临，答案突然进入意识之中，这一刻会让人激动得赤身裸体地跑到叙拉谷的街道上狂奔，而其实前额叶皮层早就知道这个答案了。

创造性顿悟的条件

虽然你无法有意识地触发创造性顿悟，但是可以采取一些手段为顿悟创造条件。就顿悟时刻而论，有些条件比其他条件更有利。我们在研讨会上展示过这一点。在这些研讨会上，我们会将参会者分成两个组，让两组人分别解决相同的创造性顿悟问题。

两组人都有 6 支铅笔，要想办法用这些铅笔摆出 4 个等边三角形。刚开始这个问题好像没法解决，因为铅笔不够用，不过这个问题其实有一个很简单利落的解决办法。

我们别有用心地为两组人创造了略微不同的情境。两组人都不知道虽然他们的目标一模一样，但另一组所处的环境有所不同。我们为第一组营造了一个比较容易产生顿悟的环境，而为第二组设置了会妨碍创造性顿悟的条件。

当面对一个需要创造性顿悟的问题时，可以借助几个因素提高出现顿悟时刻的概率。

1. 把这个问题变得有趣。人在开心欢笑的时候更有可能产生创造性的思想。

2. 摒弃各种条条框框。你不仅要跳出各种条条框框去思考，而且要去除这些条条框框。没有陈规陋习的束缚，创造力才能得以充分迸发。

3. 改弦更张，换换脑子。一个问题思考了一段时间后，休息一下，做一些完全不同的事情，如唱歌或体育锻炼。（这些事情看起来越轻松越好，参见第一点。）专注于一个问题苦思冥想可能不利于发挥创造力，因为你关闭了大脑的其余部位，而这些部位原本可能帮助你找到问题的答案。

4. 倾听自己内心的声音。注意自己的感觉，留心自己的内在意识。安静的氛围特别适合倾听内心。如果有帮助的话，可以闭上眼睛。创造性顿悟来自于自己的大脑，而如果你一心关注别人在做什么，就没有办法产生顿悟。

5. 保持缄默。说话之前请三思。说话对解决问题没有什么作用，却可能干扰产生顿悟所需的直觉。当然，你的创意最终要与人分享，可是还未考虑成熟时过多的闲谈会干扰你酝酿创造性的想法，而且不仅影响你自己，也会妨碍其他同事专心思考。对于需要顿悟解决的问题，静默不语的小组找到解决办法的概率超过 60%，而边聊天边思考的小组找到解决方法的概率只比 30% 略高一些。

5个妨碍创造力的简单方法

虽然这些方法并非万无一失，不过如果你一门心思就想打压团队的创造力，这些简单的方法可以帮助你大大降低产生顿悟创意的概率。

1. 破坏集体的情绪。坏消息、相互指责或者一番连篇累牍的愤怒声讨，这些都会让大家方寸大乱，无法继续工作。

2. 制造巨大的压力。幸运的是，糟糕的情绪和巨大的压力常常如影随形。如果你的团队怨声载道，而且出奇地懒散，你还可以火上浇油，告诉他们不许失败，并设定一个不切实际的限期。

3. 遵循一套严苛的规定。严格的约束有助于打压任何创意冲动。构思一套行动计划，然后严格按章办事。

4. 要求大家集中注意力。把会议室里所有看起来与工作无关或有趣的东西都收起来，并要求大家时时刻刻都要全神贯注。

5. 鼓励大家嘈杂交谈。沉默是金，可如果你的目标是压制创意冲动，万万不可悄无声息。呼吁大家尽管聊天，并要求每个人都要一边思考一边大声说出自己的想法。

我们悄悄地以这两份清单为指南，根据培养创造力的 5 条秘诀为其中一个组营造了和谐的氛围，同时根据有意妨碍创造性顿悟的原则为另一个小组营造了紧张的氛围。实验的结果屡屡让两个小组的参与者都感慨不已。

虽然提高创造性顿悟的概率有明确的方法可以遵循，但是创造力不一定都是瞬间迸发出来的。每个行业都有人能够随时发挥出创造性思维，而不是被动地坐等灵感突发。

创造性连接

瑞士发明家乔治·德梅斯特拉尔有一次从山区打猎回来，发现自己浑身粘满了恼人的小毛刺。这时他不禁陷入沉思：是不是可以利用毛刺牢固地附着在人身上的原理制作出不需要按钮、按扣或拉链的扣件呢？受这番好奇心的驱使，他最终发明了尼龙搭扣。德梅斯特拉尔之所以能做出这么有创意的发明，是因为他能透过表象深入思考，并联想到大多数登山打猎者都想不到的事物上去。

创造性顿悟是利用无意识的力量来解决具体的问题，而创造力的特点是对任何来路的想法都来者不拒，而且可以利用无意识的力量产生原本根本想不到的富有创意的联系、关联和发现。

创造力发达的人往往"发散性思维"较强，可以针对开放式的问题提出许多想法。这种建立联系的过程起源于关联皮层，关联皮层会对大脑接收的信息进行合成，努力对内部和外部的各种刺激进行加工诠释。当默认网络（也称为叙事网络）占据主导地位时（见第3章），关联皮层最为活跃，这便是思想任意驰骋时往往最有创意的原因所在。

我们认识的一位作家在十几岁的时候，有一天一动不动地坐在客厅的椅子上，呆呆地凝视前方，若有所思。他的母亲从旁边走过，轻声嘀咕道："我知道，你在工作。"

她这么善解人意也许是因为她的丈夫、我们的这位朋友的父亲也是一位作家，不过她确实说得没错。我们的这位朋友在思考一个创造性的问题，遇到了僵局，一时卡壳了。

创造力不像做香肠或砍木头，没办法通过加快转动曲柄的速度或者更加猛烈用力地挥动斧头来激发自己的创意。如今，得益于神经影像技术，心理学家证实了艺术家和科学家长久以来的推测：创造力有赖于有意识的大脑，更离不开无意识大脑的作用。为此，要发挥创造力，有时需要关闭有意识的大脑。

注意，我们要"关闭"的部位特指"有意识"的大脑。这并不意味着你的大脑停止了工作，只是说你不会意识地到自己的大脑在工作。这一般意味着我们要引导有意识的大脑暂时脱离手头上的任务，以便让无意识不受干扰地接手这个任务。如果你要完成一个明确的任务，比如遵循一套指令，攀登一座山，阅读一本书或一篇文章，最好的做法是全神贯注。但如果你要攻克的问题或任务需要发挥创造力，那么心无旁骛、全力以赴可能是最糟糕的做法。

专心地发挥创造力是一个根本性的矛盾。专心的时候摒除了最相关的信息之外的所有信息，但是创造的目的是与原本貌似毫不相干的信息建立起独特的联系。当你创造性地思考时，就不可能专心，而是注意力涣散。

纵观历史，我们的本能一直都发挥着良好的作用，而且科学研究揭示，专家直觉、创造性顿悟和创造力都是我们强大的无意识大脑的产物。

不管消防队副队长原先是怎么想的，他让同事在地板塌陷之前几秒撤离着火的房子并非未卜先知，只是凭着专家直觉当机立断而已。

客厅异乎寻常地热，火焰又非同寻常地安静，而火势明显无法用水浇灭，这种种迹象都与厨房起火不相符。这是因为火源不在厨房，而是在地下室。正因为地下室起火，所以客厅地板十分灼热，火焰的声音也比正常情况下更小，而且因为厨房里的火只是整场火的一小部分，因此无法用水浇灭。

消防队副队长并未有意识地觉察到这些细节，然而凭着多年的经验，他强烈地感觉到事情有点不对劲。而事实证明，他的感觉是对的。

通过直觉做出决策或通过创造性顿悟解决问题并不存在偶然随机或侥幸碰巧的因素。虽然无意识发挥作用时速度飞快，而且功能强大，但你的大脑需要事先做好功课才行。正如路易斯·巴斯德曾经所言："机会只垂青有准备的头脑。"

大脑要为无意识做好铺垫，最明确的路径就是学习，而大脑的学习便是下一章的主题。

第5章小结

你的无意识主宰着大局。即便你做了一个貌似有意识的决定，其实发挥主要作用的还是你的无意识大脑。

释放你的无意识。在时间有限、信息也有限的时候，专家做出的决定往往更好。严格的限制迫使大脑利用基底神经节的力量、速度和思考能力，而基底神经节存储着长期习得的专门知识。

相信我们，我们是专家！因为专家做出的直观决定运用了更强大、更快速的基底神经节，因此往往优于通过有意识的深思熟虑得出的理性结论。

新手需要更多时间。资历较浅的领导者与他们的专家同事不同，一般需要更多的时间和更多的信息，并且通常需要借助速度更慢且容量更小的前额叶皮层来进行大部分的决策。

不要强迫专家解释他们的决定。专家经常无意识地做出最好的决定，这一切发生得自然而然，他们自己也解释不了这些决定是怎么做出来的。强迫专家对直觉的决定做事后的解释可能会让他们举棋不定、狐疑猜测，结果反而削弱了最初的行动。

采取分析方法。要为理性决定创造最好的条件，你需要找一个安静的角落，尽量减少干扰，集中精力解决问题，合乎逻辑地逐步解决问题。

为顿悟时刻创造条件。如果你要解决一个创造性的问题，你的总体情绪、专注程度和周围的气氛都会对触发突然的创造性感悟产生影响。

笑一笑，顿悟可能就出现了。研究表明，乐观的性情可以提高产生顿悟时刻的概率。所以，如果你要攻克一个创造性的难题，尽量让自己或解决问题的团队保持良好的心情。

第 6 章 培养学习能力

“老狗学不了新把戏”也许有理，可我们毕竟不是老狗。

30 岁的戴维从墨西哥驱车回加利福尼亚的家，途中遭遇了一起严重的交通事故，因此昏迷了 5 个星期。虽然他不得不截去了右臂，头部也受到了严重的创伤，但他最终恢复意识的时候，看起来心智能力并没有受到影响，他的父母一直悬着的心总算落下了。此外，医生也没有看到任何精神病和其他情绪紊乱的明显迹象。

只是没有明显的迹象而已。

他的父母不久就无比震惊地发现戴维居然不认识他们了。并不是他不知道父母的长相，他清楚地知道父母的长相，可他坚信那两个自称是他父母的人只是狡猾的骗子而已。他跟医生说：“他确实长得和我的父亲一模一样，可他真的不是我的父亲。”他承认自称是他父亲的男人看起来很和善，可那个人不是他的父亲。

自称是戴维母亲的女人也遭到了类似的冷遇。有天晚上，她给戴维做了一顿晚饭，戴维不喜欢吃，就对她说：“你知道吗？早上来的那位女士做的饭比你做的好吃多了。”但是，晚饭做得不好吃的女士和早上来家里的那位饭煮得更好吃的女士其实是同一个人。

这种令人不安的行为持续了两个月之后，戴维的父母最后只得向世界知名的神经科学家维莱亚努尔·拉马钱德兰求助。

拉马钱德兰很快便确定戴维的奇怪行为是一种称为卡普格拉妄想症的病症。卡普格拉妄想症系因 1923 年首次描述这种精神紊乱的法国精神病学家约瑟夫·卡普格拉而得名，这种病症被定性为妄想性身份错认综合征。这种病症虽然在偏执型精神分裂症患者中最为常见，但在经历过大脑创伤或患有痴呆症的患者当中也时有发生。也许因为卡普格拉本身是一名精神病医生，他最初以为这种综合征是一种恋母情结。事实上，主流弗洛伊德理论认为患者可能试图通过将父母双方都视为骗子来消除由于受到母亲的性吸引而引起的强烈焦虑。

拉马钱德兰是一名神经科学家，自然对这种精神病学解释怀有疑虑。他援引了几份记录在案的病例为证，这些病例里的卡普格拉妄想症患者觉得家里的狗都被替身代替了。他据此确信卡普格拉妄想症另有原因。

戴维的病症原本就已十分离奇，但还有一个细节令这件事情更加蹊跷。有一天，戴维的父亲往家里打电话，戴维接了。虽然他仍然坚信与自己生活在一起的父母是假冒的，但是他十分自然地就相信电话另一端的人是他的父亲。为什么戴维觉得电话里的父亲是真的，而亲眼见到他本人时又觉得他是假的呢？

其实，要解开戴维病症的谜团，我们可以想想自己为什么记得某些事情而不记得另外一些事情，再想想如何才能让自己学会的东西长久地存在脑中而不至于遗忘。这两者的关键其实并无二致。

我们灵活可塑的大脑

大多数人甚至是神经科学家曾经都认为人的学习能力只限于年轻的时候，一旦成年，大脑的回路基本上就定型了。“老狗学不了新把戏”这句俗语更加深了这种错误的印象，加之有无数人成年后想学一门外语却无果收场或回到大学进修而觉得力不从心，这让人们更是觉得年岁一长，学习能力便停顿了。

尽管有俗语在前，又有现身说法在后，这种状况似乎确定无疑，但神经科学证明实际上终身学习是完全可以实现的。这个概念被称为**神经可塑性**。

神经元并非在你年轻的时候就僵化为固定的回路，而是可以在你的一生中不断形成新的回路。神经可塑性可以在物理意义上改变大脑的结构，扩大某些大脑区域的容量，加快这些区域之间的通信速度。

我们可以借助一群出租车司机、一群公交车司机和一个世界知名城市生动地演示出神经可塑性的特性。

出租车

在伦敦这个城市，出行可真不容易。幽默大师戴夫·巴里曾经有言："这里的街道堪称九曲十八弯，每往一个方向走30米就得拐个弯，或者换成全新的另一条街道。"伦敦的街道和华盛顿特区的街道截然不同，华盛顿特区的街道都是事先精心设计好了才建设的，而伦敦的街道是随着城市的发展随意铺设的。经过了几个世纪的时间，伦敦城区不断扩张，如同一只地理意义上的哥斯拉，接连吞噬了沿途的一个个村庄和城镇，城市布局毫无条理可言。当然，这个城市不时还有创新之处，如迂回曲折的环形交通枢纽，后来美国效仿此举也建了自己的环形交叉道路。这种环形交叉道路盘旋折绕，让汽车司机晕头转向，就算方向感再强的人也找不着北。

伦敦的25000条纵横交错的街道让司机们头晕目眩、不明方向，但它如同一个理想的实验室，正好展示了大脑非凡的变化能力。科学家扫描了一群伦敦出租车司机的大脑，然后又扫描了一群公交车司机的大脑。两年后，他们再次扫描了这两群司机的大脑，并对前后两次扫描的结果进行比较，结果发现了惊人的现象。每位出租车司机的后海马体（与空间学习相关的大脑区域）都增大了，而公交车司机没有出现类似的变化。两者的区别是什么造成的呢？公交车司机每天的行驶路线都一样，而出租车司机与之不同，需要不断在曲折复杂的城市街道里穿梭，去往各个角落。因为开车时要分辨方向找到目的地，出租车司机的大脑便产生了更多的神经元。而为了容纳新的信息，大脑的容量切切实实地增大了。

这项研究的结果令人惊诧不已。这样的现象当然不仅限于住在伦敦或以开出租车为生的人群。针对伦敦出租车司机的研究表明，我们进入成年之后依旧可以继续习得新的技能，而且大脑的认知区域（通常被称为灰质）会增大，从而促成新技能的习得。终身学习不仅仅是一个口号，而是一个激动人心的事实。

终身学习不仅仅是一个口号，而是一个激动人心的事实。

此外，大脑具有变化能力的部位不仅限于灰质，灰质只占了大约一半的大脑容量。灰质操纵着我们的思维、计算和决策，还有最重要的记忆，而白质负责建立大脑的基本连接。如果把灰质视为电脑，那么白质就可以看作将这些电脑连接在一起的网络。增加白质就像淘汰了老旧的拨号调制解调器，改为安装宽带网络。随着白质不断增多，不同神经元之间的通信速度越来越快。

一个人如果习得了各种新技能（杂耍、冥想、交际舞等，不一而足），随着新技能越来越娴熟，这个人大脑中的白质也稳步增多。换言之，大脑的关键区域之间的通信越来越容易，速度也越来越快。

牛津大学的一项研究表明，学习杂耍会使得接球用到的大脑区域之间的连接变得更加紧密，这样的结果并不奇怪。学习杂耍的人经过 6 个星期的训练，其大脑中的顶叶白质增加了，而顶叶这个区域主要负责我们通常所说的手眼协调。值得注意的是，所有受试者无论杂耍能力如何，大脑中的白质都增加了。事实上，大脑获得的益处并不是源于杂耍，而是来自学习新的东西。汉堡大学的安恩·梅就早期杂耍研究写了不少文章，他接受《新科学家》杂志采访时说道："这表明学习一门新技能比操练你原本就已擅长的事情更加重要，大脑喜欢探索未知世界，学习新的东西。"

当你从事的活动所需要的特定的神经元同时激活时，这些神经元就会释放一种称为脑源性神经营养因子的特殊蛋白质，这种蛋白质可以帮助巩固这些神经元，使之将来也会一起被激活。脑源性神经营养因子会激活基底核，而基底核又会触发乙酰胆碱的分泌。乙酰胆碱是最佳绩效三要素中的一个要素，可以增强人的专注程度。脑源性神经营养因子还会促进髓磷脂的生长，髓磷脂是一层薄薄的脂肪，包绕在每个神经元周围形成一层光滑的膜，有点像大脑里的蔬菜起酥油（蔬菜起酥油曾经在厨房里很常用，是一种黏稠的白色物质）。髓磷脂是一种脂肪物质，堆积在神经连接上，使神经元更容易滑动，让神经元之间的连接更高效快速。总之，髓磷脂是白质之所以呈白色的物质。

虽然听起来令人难以置信，不过凭借神经可塑性，我们可以通过想象操练一项活动而非真正从事这项活动来对大脑的身体能力进行再培训。一些研究发现，思维训练可以使大脑的运动系统回路产生和身体训练一样的变化。因此，如果你从高中毕业以来一直坚持随着音乐节拍弹奏想象中的无形吉他，效果可能相当于用真正的吉他练习弹奏。

在一项著名的研究里，研究者让受试者学习用钢琴弹奏一首简单的曲子。这些人被分为两组，一组在接下来的 5 天里每天练习弹奏这首曲子两个小时，另一组的练习时间一样，不过只是坐在钢琴前想象自己弹奏这首曲子。令人惊讶的是，两组受试者的大脑都出现了相同的变化。研究者接着要求这些受试者分别弹奏这首曲子，用钢琴进行实际练习的受试者的表现略胜一筹，不过通过想象来练习的受试者又专门训练了两个小时之后，弹奏水平就与前一组不相上下了。

另一项研究的结果肯定会让不爱运动的人高兴得跳起来（但愿他们不会懒得连跳起来都嫌太费力）。这项研究里，进行了 4 个星期体育锻炼的受试者的肌肉力量增长了 30%，而同一时期只是想象自己从事体育锻炼的受试者的肌肉力量也增长了 22%。当我们生动地想象自己从事某项运动时，负责把各种动作指令串联起来的神经元就会得到激活和巩固，从而增强肌肉收缩时的力量。

练习“练习”

毕业于哈佛大学的比尔·罗伯特是一位世界级的国际象棋、西洋双陆棋和扑克牌专家。他认为自己之所以在这3种截然不同的游戏中都能取得非凡的成功，原因在于他掌握了学习的能力。他说道：“我知道怎么去练习，知道怎么提高自己的能力。”

练习多了，能力就会提高，同时练习的能力也会提高。练习一项特定的活动可以提高你从事这项活动的能力，持续的学习也可以提高你的总体学习能力。神经可塑性研究领域的先驱迈克尔·梅策尼希博士认为，学习改变了大脑的结构，并在这个过程中进一步提高了我们的学习能力。换言之，学习如何学习本身就是一种能力，掌握了这种能力以后，就可以在各种领域的学习中更得心应手。

如果你意识到了大脑获得知识的原理，并利用这一意识（心理学家称之为元认知意识）制定出学习策略，你便拥有了一套强大的工具和手段，可以让自己后续的学习更加轻松，更有成效。

这里附带提一句，如果你还想知道另一个不宜一心多用的原因（见第3章），且听下文。梅策尼希博士发现，高度专注对于大脑回路的长期变化绝对不可或缺。当猴子自动执行任务时（这时注意力并没有集中），他们的大脑回路会重新连接，但这些回路变化并不会持久。持久的神经可塑性取决于大家现在已经熟悉的最佳绩效三要素——多巴胺、去甲肾上腺素和乙酰胆碱。去甲肾上腺素可以让你保持警觉，而学习产生的大脑奖赏会促进多巴胺和乙酰胆碱的分泌，这些有助于确保任何回路的重新连接都可以持久不变。

当然，神经可塑性也并非完美无缺。坏习惯可以和好习惯一样轻易地改变大脑。因此，如果你要从事一项新运动或获取新信息，则起步一定要正确。

起步要正确

想学打高尔夫球吗？如果你真的想学，最好马上报名参加高尔夫培训课程，而不是等到偶尔有机会才去打几次。放弃所学与学习一样困难，甚至更困难。任何养成了坏习惯的人都能深刻地体会到这个道理。

坏习惯会改变大脑的回路，使得坏习惯越来越难戒除。这个事实不仅说明了聘请一位专业高尔夫教练教你打球大有好处，也说明了早期教育的价值。一旦你练习时采用了错误的方法，错误的程序就会存储进你的基底神经节（要了解习惯的形成原理，请参阅第 4 章），很难再删除。你如果在练习打高尔夫球时养成了不标准的挥杆动作或不正规的握杆姿势，以后就很难改正。

最初学习的经历往往根深蒂固、难以改变，因此一些知名公司（包括惠普、IBM 和麦肯锡）喜欢录用本科（或研究生）应届毕业生，这样员工在刚刚踏上工作岗位时学会的第一件事就是公司的做事方式。初次经历还有另外一个优点，就是伴有会触发多巴胺分泌的新鲜感，而无论是对是错，这股新鲜感都会令你关于初次体验的记忆更加牢固，更难以抹除。放弃所学很困难，不过也并非不可能，只是需要正确的方法。

催产素和放弃所学

放弃所学不是简单的逆向学习，这两个过程遵循了不同的化学原理。当我们学习新的东西时，神经元同时激活，并且连接在一起，在神经元层面发生了称作长时程增强效应（LTP）的化学过程，而这种化学过程会增强神经元的连接。

当大脑放弃了习得的连接并断开神经元之间的连接时，就会发生另一个化学过程，称为长时程抑制效应（LTD，与抑郁的情绪状态无关）。放弃所学并削弱神经元之间的连接与学习并增强神经元之间的连接一样，也是一个可塑的过程，而且同等重要。要为神经元网络中的新记忆腾出空间，就必须放弃现有的记忆。如果我们只加强连接而不削弱连接，神经元网络就会饱和。

但是我们怎样才能放弃所学呢？令人惊讶的是，有证据表明，著名的拥抱激素催产素在我们消除旧信息的能力方面发挥着重要作用（见第 2 章和第 8 章）。催产素产生于称为下丘脑的大脑区域，分泌之后释放到血液之中。

生物学家、神经科学家沃尔特·弗里曼发现绵羊在分娩幼崽时会释放催产素，他还发现如果催产素的释放阻塞了，绵羊就无法与初生的后代建立情感纽带。不过，有一个现象很有意思：绵羊在生产第一只幼崽时并不会释放催产素。催产素这种神经调节剂只有在分娩第二只及其后的幼崽时才会起作用。然而，母羊可以毫不费力地与第一只幼崽的后代建立情感联系。催产素好像抹除了旧的亲密联系，以便为新的亲密联系让路。换言之，催产素并不是简单地促进**新的**习得行为，而是帮助我们忘记**旧的**习得行为。

顺带提一句，催产素在学习和放弃所学中的作用并不局限于羔羊。但凡新觅得一位伴侣或配偶的人对这种现象都有深刻的体会，他们会发现自己在音乐、服饰、政治观点甚至交友方面都有了全新的品位，这一点经常让他们的老朋友深感沮丧、惊异或困惑。催产素好像使我们的神经元通路变得更加灵活可塑，让我们能够比往常更轻松地学习或放弃所学。我们更容易受他人影响，因此也更容易做出改变。

旧习惯可能很难改掉，而旧技能可以快速忘却。神经可塑性的另一个缺陷是大脑总在不断地寻找尚未使用过或被忽视的可以用作其他用途的神经元。

旧习惯可能很难改掉，而旧技能可以快速忘却。

大脑中的技能就像擅自占用公地者。当它们察觉到有空闲的房产或闲置的土地时，就会自行接管这些房产或土地。这意味着，如果你现在已经不打篮球或者高中时学的外语已经荒废了，另一个功能就在近旁等着接管这片领土，据为己用。

我们许多人通常称这种现象为生疏了，认知科学家喜欢称之为**竞争性神经可塑性**。大脑和我们身体的大多数部位一样，也遵循“不用则废”的原则。如果你想保持一项技能，就要经常练习才能保持常新。

被忽视的神经元就像一个百无聊赖的、急切地想找点事情来做的人，常常会为自己找到其他用途，而且通常速度很快。麻省理工学院教授、研究员南希·坎维舍表示：“神经元好像特别‘渴求’输入。”

大脑的这种见机行事的天性往往对我们有利。例如，如果一个人失明了，曾经负责处理视觉刺激的大脑部位——枕叶不会直接萎缩，而是被负责处理声音的回路占据。因此，视觉障碍人士的听觉往往更加敏锐，而且拥有区分盲文的凸点字母所需的非常复杂的触觉能力，道理就在于此。他们灵活可塑的大脑做了这样随机应变的调整。

重新唤醒旧技能

虽然你曾经学会却未能保持的技能可能会在你的记忆中渐渐变得模糊，不过这些技能只是被遗忘了，并没有消失。这些技能的神经元通路依旧存在，只是这些通路占据的空间和消耗的资源已经大为减少。

这些休眠的神经元通路有点像你曾经钟爱的紫色大健身球，不管是做俯卧撑还是坐在办公桌旁没事时都爱玩一下，只是后来又逐渐厌倦弃用了。也许如今这个球已经漏气干瘪了，被你放在衣柜或车库的架子上，占用的空间较少。不过，如果你决定重新启用这个健身球，不必出门再买一只新的，只需把球拿出来充上气，这个球依旧完好如初。

曾经稳固通畅却很少使用的神经元通路不是紫色的，也不是完全干瘪没气，而是呈现为称作树突的重要连接，样子看起来像早春时节果树上的嫩芽，会随着技能的增强而生长或技能的中断而萎缩。因此，当你决定重新学习一门旧技能时，不必从头开始。树突会从遭受冷遇的冬天醒来，在活力复苏的春天开始增长。正因为如此，时隔30年之后，你依旧可以跳上一辆自行车，和儿时一样灵活娴熟地骑着自行车前行。

用心学习，而非用脑学习

神经可塑性似乎拥有令人惊叹的力量，不过其之所以神奇，源于一种你既在药丸里找不到也在商店里买不着的秘密成分。知识渊博的人往往给人冷漠而高效的刻板形象，可这样的形象实际上与真正的学习原理相互矛盾。学习实质上是一个饱含情感的过程，受边缘系统里的威胁回路和奖赏回路驱动。不愉快的经历（如在高温炉子上烫到手）会让你吃一堑长一智，立即吸取教训，这并不奇怪。孩子如果犯了这个不幸的错误，很少会再犯

> **学习实质上是一个饱含情感的过程。**

第二次。如 2001 年世贸中心遭到轰炸之类的创伤事件也与此同理，这类创伤事件会触发心理学家所谓的闪光灯记忆。当天早晨目睹的场景或我们听闻这个消息时身处何地的生动记忆（但不一定准确），在美国各地以及其他很多国家和地区的人们心中留下了深深的烙印。

奖赏反应虽然不像威胁反应那么强大，不过是成功学习更为常见也更为偏好的驱动力。孩子通过游戏或玩耍来学习时往往效果最好，这其中自有缘由。学习中的情感因素非常关键，而且不限于童年时期的学习。有个人多年来一直在苦苦学习英语，当他把学习英语与自己最喜欢的爱好联系起来的时候，终于找到了学习的激情。

让英语课变得有趣的坦克

我们见到这位西班牙籍高管的时候，他的态度非常坚定。他认为自己绝对永远也学不会英语，并且坚决认为我们是在浪费彼此的时间。

我们则不以为然。我们并没有和以前教他英语的老师那样一见面就马上开始上传统的英语课，而是花了一些时间先了解他。我们很快就发现这位高管在工作之余热衷于一件事情：他酷爱第二次世界大战的历史，对坦克尤为着迷，还喜欢用有限的空闲时间亲手搭建坦克模型。

突然之间，我们看到了突破口。看到这个 50 多岁的男人一谈到自己最喜欢的话题便神采奕奕、语速加快，我们心里感到无比欣慰。第一节英语课快结束时，我们给他留了一份简单的“家庭作业”：下节课带一个坦克模型来，好好地讲解一番。如果他能用西班牙语告诉我们坦克的各个组件，我们就教他如何用英语来讲解每个组件的名称和功能。我们明显感觉到这个原本对学习英语持怀疑态度的人对下一节英语课充满了期待，也许这是他这辈子第一次这么憧憬上英语课。

果然，下一节英语课时，这位高管带了一个细心上过漆的、构造精巧的坦克模型。虽然我们也需要提前做点功课，不过当他有条不紊地逐个介绍坦克的各个组件时，我们便把每个组件相应的英语表达教给他。介绍完坦克之后，余下的时间我们用来讨论坦克，不过只能用英语。

没过多久，这位原本不愿学英语的高管已经可以用英语简单地介绍他的坦克及其组件了。在此后的每节英语课上，我们都把话题从第二次世界大战和坦克扯远一些，多花时间学习当今社会及商界高管身处国际市场时会用到的实用英语词汇。

高温炉子、第二次世界大战坦克、世贸双子塔这三者都包含了情感冲击的元素。一般来说，一条信息如果让我们感动、恐惧、喜欢，或以其他方式给我们留下强烈的印象，我们都更容易记住这条信息。不过，即便是这条规则，也有其缺陷和局限。

追求新奇反而弄巧成拙

如果一位教师穿着泳衣或比基尼走进一间教室，这节课肯定令人难忘，但是这堂课真正讲了什么内容，估计坐立不安、心神不宁的学生不会记得。

教师们常常会想方设法活跃课堂气氛，希望能让课堂上教授的信息更有意思。遗憾的是，我们往往会把情感冲击与纯粹的新奇混为一谈。我们曾经参加了一次路德维希·马克西米利安大学心理学系举办的研讨会，会上听闻了一个令人唏嘘的故事：几位工商管理学教师在上会计课时把一个耳熟能详的例子里的传统通用名称改成了别的名称，希望能活跃沉闷乏味的气氛。他们把“公司”称为“机器人赛车公司”，把泛指的“甲”和“乙”替换成真实的人名，如“布拉德”和“安吉丽娜”，满心希望能使例子讲述起来更生动活泼。

从某个层面上而言，这个方法效果奇佳。课堂气氛确实变得更加活跃，学生上课时也确实更开心、更专心了。但是，考试成绩一出来，现实给了大家一记闷棍。虽然所有的学生都能够正确地记住会计示例中滑稽的公司别称和人名，可是他们的考试成绩糟糕透顶。事实上，这是有史以来最差的一次成绩！

究竟是怎么回事？新颖独特的名称不但没能让会计教学更深入人心，反而成了一种干扰。学生对这些新颖的名称十分喜欢，却在新奇之余忘了听课。喧宾夺主的细节掩盖了实质性的信息。

由于工作记忆的大小有限，轰炸大脑的刺激又从不间断，前额叶皮层经常被迫做一些十分艰难的选择。最佳绩效三要素中的多巴胺是主要决定因素。多巴胺会问："信息是新的吗？"如果答案是肯定的，前额叶皮层就会锁定这个信息，工作记忆则会启动保留这条信息的流程。不过，如果这条新信息与真正重要的信息不一致，那么原本的重要信息就会被新信息挤出去。如此一来，你的记忆里真正重要的东西所剩无几，抑或一丝不留，而无关紧要的信息却充斥其中。

领导者从中可以吸取的教训很明显：如果你希望别人对你传递的信息更感兴趣，就要确保你为了让自己的表达更有趣而添加的修饰可以衬托核心信息，而不是埋没核心信息。

这是否意味着教师就不能穿泳衣或比基尼呢？也不尽然。作家、分子生物学家约翰·梅迪纳在其著作《大脑非常重要》中回忆起自己本科时修读的一门关于电影史的课程。老师一边讲解艺术电影中对情感脆弱性的描绘，一边淡定地开始一件件地脱衣服。当他上身脱到只剩下一件 T 恤时，便伸手拉开裤子的拉链，裤子一下子落到了他的脚踝处。看到他的裤子脱下时，教室里的大多数学生惊讶得下颌都要掉了。幸好他里面还穿了一条运动短裤。他抬头看着目不转睛地盯着他的学生，得意洋洋地说，"你们这下可能永远也不会忘记有些电影会用裸体来表达情感的脆弱性吧。"估计阅读本书的你也不会忘记吧。

情感中心

有时候，如果你能通观全局，就会更加明白事情的来龙去脉。因为情感的作用非常重要，所以不难理解，海马体这个负责学习的主要大脑区域就位于大脑的情感中心——边缘系统的正中央。海马体的一边是主宰威胁反应的杏仁核，另一边则是主宰奖赏反应的伏隔核。

我们获得新信息时，新信息会进入海马体，海马体则会判断这条信息是否与情感相关，如果相关，继而判断相关性是积极的还是消极的，然后将这条信息与已经存储在长期记忆中的其他信息进行比较，以确定这条"新"信息是否真的是新的。

学习的原理与人类的进化原理一脉相承：趋利避害。大脑的边缘系统不断扫描周遭的环境，辨别有可能对你有害或有利的事物。如果发现了有害或有利的事物，边缘系统就会将相关的发现储存在大脑中，成为长期的知识和记忆。不难理解，大多数枯燥的标准事实既不属于有害事物，也不属于有利事物。从进化意义上而言，我们并非天生就会为了攻读学位而伏案苦读，也并非天然地就能在每星期的公司例会上全神贯注、心无旁骛。大脑很讲究效率，甚至有点懒惰。如果大脑觉得某条信息既不是威胁也不是奖赏，就会毫不犹豫地丢弃这条信息，不会在它认为不相关的事情上浪费宝贵的脑力。

智取大脑

大脑也许任性无情，但也很容易被愚弄。坦白说，你不得不学习的信息有些并不能触动你的情感。不要紧，如果你能哄骗大脑释放足够多的多巴胺、去甲肾上腺素和乙酰胆碱，你还是可以学会并记住这些信息的。虽然能触动情感且新奇有趣的学习最为有效，不过你可以想办法让大脑接受原本可能枯燥无味的学习经验。

不要采取前情回顾的方法。有些老师、主持人和领导人经常犯同样的错误：他们开场时总喜欢概述一下之前讲过的内容。他们的用意本来是好的，可过去的内容都是旧信息，而旧信息正是大脑天生就轻视或忽略的信息，只有新奇的信息才会让我们振作精神、留心注意。无论你是面对一群人做汇报还是自己独自学习，刚开始时先从一些提神醒脑甚至有点出人意料的内容入手。我们开研讨会时，刚开始经常会讲一讲购物的陷阱或好莱坞明星的坏习惯等话题。接着，等大家的注意力都集中了，我们才绕回上一次结束的地方讲起。这样一来，你大脑释放的多巴胺会提供充足的动力，让你全情投入、专心学习。

如果你无法改变工作内容，那么就变换一下工作环境。如果你手头上的任务了无新意或毫无乐趣，一直没有进展，不妨换一个新鲜的环境。有时简单地换把椅子就能让你精神一振，有时换个办公室或换个位置也能让你清醒一些，再或者换台电脑，换一种字体，也有帮助。无论你做什么，只要可以向大脑发送一个信号说“嘿，这是新的”，都可以帮助你脱离低谷，进入卓有成效的工作状态。

不要设置过多的条条框框

学习时有一些章法可循固然不错，但规矩太多反而会削弱学习的效果。对于我们多数人而言，如果能够潜移默化地掌握规则，学习效果往往更好。儿童的学习就反映了这个原理。他们学说话时并没有刻意学习语法，他们的大脑只是不自觉地识别出了母语隐含的模式和规则。大多数英语国家的儿童并不是通过陈述语气的动词形式知道英语的过去完成时的，而是自然而然地就知道这么说听起来顺耳。

出人意料的是，如果一个句子结构松散、怪异甚至缺少某些关键信息，你就必须多费力气才能领会其中的意思，而正是这额外付出的脑力使得这个句子比结构完整、条理分明的句子更容易记住。

《一万小时天才理论》一书的作者丹尼尔·科伊尔在阿拉斯加锡特卡举行的TED会议上做了一场演讲。演讲期间，他让观众仔细观察两列英语词对，并要求他们在15秒内尽可能多地记住两个列表中的单词。

A	B
ocean/breeze	bread/b_tter
leaf/tree	music/l_rics
sweet/sour	sh_e/sock
movie/actress	phone/bo_k
gasoline/engine	ch_ ps/salsa
high school/college	pen_il/paper

接着科伊尔把屏幕上的词表隐藏起来，然后请一些观众起来说出自己记得的词对，越多越好。观众记忆词对的结果几乎一边倒，他们记住的右列的词对数目远远超出左列的词对数目。事实上，在实验室环境中进行类似的研究时，受试者记住右列的词对的概率比记住左列的词对的概率高出300%。

为什么不同词对的记忆结果差距如此之大呢？左列的词对容易读懂，因为拼写很完整；而右列的词对稍微有点难懂，因为单词拼写不完整，所以观众必须多付出些许努力，而额外的思考会刺激大脑分泌出一股去甲肾上腺素，使得这些词对更有魅力，更容易记忆。一个事物如果有一点点的不确定性，它就会在人们的大脑中挥之不去。

同朋友一起学习

社会认知神经科学领域发生了一场革命，科学家们因此完全改变了对于大脑乃至整个社会的基本看法，或者开始重新审视这些传统思想，许多由来已久的关于人类基本需求的信念遭到了彻底的颠覆。如今的看法很明确，而且有充足的数据支持：我们人类是一种社会性生物。这一点我们在第 8 章中还会详述。

这个新发现影响了一切，包括我们对学习的理解。很多时候，与他人一起学习的效果比独自学习更理想。同他人（朋友或学习伙伴）共同学习时会产生社会互动，而这种社会互动会释放催产素。如前所述，催产素可以增强神经可塑性，使人更善于做出改变。因此，我们不难理解为什么堕入爱河会深刻地改变一个人的行为甚至个性，而孩子与父母互动时的学习效果会非常好。同时，我们也可以明白为周围的人树立一个好榜样非常重要。我们认识的一位成功的公司总裁改变了自己的饮食习惯和运动习惯后，不到 6 个月的时间就减去了 15 千克的体重。虽然他上班时从来不提自己减肥的事情，但他发现有几位原本体态肥胖的直接下属也开始变得更精神、更健康了。如果你是上司，下属目睹你在做一件了不起的事情，他们也会向你学习！社会互动会让我们感觉良好，而我们感觉良好的时候就会刺激身体释放使学习变得更容易的化学物质。

化整为零，各个击破

“持续改善法”（见第 4 章）可资借鉴的一个主要原则就是：采取循序渐进的策略，目标最容易实现。这一原则也同样适用于学习。如果一个人接收的信息源源不断，就算这些信息既有价值又有趣，也同样会触发威胁反应。大脑如果发现自己负荷过大，就会激活杏仁核，而杏仁核相当于人体内的防盗报警器。正如加州大学洛杉矶分校的心理学家、作家罗伯特·毛雷尔所言，关键是要想办法“蹑手蹑脚地越过杏仁核”。你在学习的时候要将一个庞大的学习任务分解成可以把握的小环节，而且要经常休息，好让记忆消化巩固已经学会的东西。同样，如果你需要了解成千上万的事实，不要陷入庞杂的细枝末节作茧自缚，这样容易触发威胁反应，而是侧重把握这些事实的意义，能够概括这些事实的宏观原理。如此一来，这些事实会显得不那么令人生畏，也更容易记忆。

采用多模态学习

工作记忆的容量出奇地小，但可以同时处理语言和图片。而嗅觉等其他感官根本无需使用工作记忆，却可以触发记忆。

事实上，当你学习新东西时，牵涉的大脑部位越多，你就越有可能记住所学的东西。这是因为新信息的记忆被存储在大脑的多个区域里，而这些相隔遥远的区域之间建立了神经元连接。这样一来，将来如果你触发了一个区域，其他区域也会同时被激活。

此外，学习时牵涉的大脑区域越多，你记住更多信息的可能性也越大。想一想你通过电子邮件进行的对话与面对面的对话吧。电子邮件再饱含深情，通常也比直接的当面对话更难记住，因为当面对话时你的大脑除了要理解对方说话的内容，还会注意到对方的说话方式（音量、语调等）、面部表情、说话姿势，还有对话的场所、当时的情景甚至天气等。这些元素中的每一个都构成了额外的线索，使得记忆更容易检索。

提高持续学习的概率

为了让自己所学的知识更不容易遗忘，你可以采取一些措施。睡眠充足、运动规律的健康生活方式对学习和记忆都有促进效果。

保证充足的睡眠

获得充足的睡眠不仅有助于调节情绪（见第 2 章），也会提高你的学习能力。睡眠充足会促进学习和记忆所需的新神经细胞生长，降低血液中皮质醇等压力激素的水平，还有助于海马体确定你最近掌握的信息当中哪些要存储在长期记忆中供将来使用，哪些要丢弃不用。

如果你没有足够的睡眠，海马体无法完成信息存储工作，你就记不住东西。你也许以为自己记住了，可实际上并不记得。讽刺的是，企业高管经常舍不得睡觉，以便省下时间用来学习。虽然听起来有悖常理，但是少花时间学习、多花时间睡觉其实更有好处。

保持规律的运动

运动可以促进新神经元的生长，提高你的认知能力，会对学习产生至关重要的影响。许多需要集中注意力和身体各个部位之间相互协调配合的运动（如跳舞和打网球）会触发多巴胺（开心的时候释放的物质）和乙酰胆碱（集中注意力全心投入的时候释放的物质）的分泌。这两种神经递质有助于提高海马体的信息存储能力，而海马体是主管学习的大脑区域。

从学到教

我们也可以利用有效学习的原则来提高教学的效果。情感冲击对于学习和记忆至关重要，对于教学和培训也同样不可或缺。教学效果的优劣往往取决于你和受众之间建立起来的相互联系。如果你采用研讨会的形式来讲课，一边传授知识一边提出一个个引导性的问题，诱导听课者得出你想说明的结论，他们就更容易把这些结论当作自己的想法来接受。这种教学方法也会让你从中受益。你在教授一个知识不如你渊博的人的过程中，你自己对学习材料的掌握程度往往也加深了。

建立情感联系最有效的一个手段是讲故事。通过讲事实摆数据来进行精心的论证貌似表达自己观点的最好方式，但是旁征博引的论证与引人入胜的故事相比，效果立刻相形见绌。纳尔逊·曼德拉曾经有言："说话要晓之以理，更要动之以情。"

用故事来支撑观点可以刺激我们的社会化大脑。如第 3 章所述，我们的默认思维网络也称为叙事网络，因为我们会把各种事件融会贯通成大脑能够理解的链条，以便追忆过去，展望未来。简言之，我们的大脑会创造故事。而这正是我们每每听到故事时总是兴趣盎然的原因所在：故事吻合了大脑的思维方式。

我们要明白一点：讲故事是人类共有的能力。一些社会认知神经科学家表示，故事的产生是源于一个群体对社会凝聚力的需要。人类祖先讲述故事可能逐渐演变成了一个群体的成员之间相互交流各自近况的一种方式。如果一个群体成员外出时走得太远，遭遇狮子袭击时侥幸逃脱，他的惊险故事不仅会提高他的地位，也会为其他群体成员提供有用的宝贵信息。毕竟，我们学到的很多东西都是间接学会的。如果有人吃了某种植物的果实之后得了重病，他的故事可以让群体里的其他人引以为戒，避免再犯同样的错误。我们不需要人人都去吃同样的有毒浆果来了解这种浆果不能吃。

故事通常会引发奖赏反应或威胁反应，触动我们的情感，使我们更善于接纳信息。我们听到一个故事时，经常会把故事与我们自己的生活和经历联系起来。我们的脑岛（察觉身体意识的大脑部位）被激活，我们会本能地对叙事中的快乐、痛苦、幽默和厌恶等情绪产生反应。这些反应会使我们变得更乐于接纳信息，更全情投入。

事实上，脑成像的证据表明，当听众真的全神贯注的时候，他们会开始预测你接下来要说什么。这并不是说你的故事沉闷乏味、千篇一律。恰恰相反，这说明你的听众非常投入，迫不及待地想知道接下来会发生什么！

当然，并不是所有的故事都会受到每个人的喜欢。对于同样一个故事，一群人可能觉得精彩绝伦，另一群人却觉得索然无味。一群貌似志趣相投的听众对同一个故事的反应可能大相径庭。一个故事要产生效果，必须与听众有某种程度的联系，听众要能够产生共鸣。心理学家梅兰妮·格林的一项研究表明，先前的知识和经验会影响你对一个故事的投入程度。因此，童子军的故事更有可能让曾经参加过童子军的人产生深切的共鸣。另外一个更有可能出现的情况（不过并非唯一的情况）是：格林还发现同情心较强的人无论先前的知识或经历如何，都更容易被故事打动。

近期的神经认知研究揭示了讲故事的另一个奇妙之处。我们青睐的故事往往是自己觉得会打动同处一个社会群体中的其他人的故事。所以，我们在听一个故事的时候，大脑的一个部位会判断这是不是一个值得重述给他人听的故事。如果我们觉得是，注意力就会更加集中，吸收的信息和存储的记忆也会增加。如果你讲的故事包含了别人觉得值得分享（无论是当面分享还是通过社交媒体分享）的信息，那么你就成功了，不仅达到了愉悦身心的效果，也实现了教化他人的目的。

从领导者和教师的角度来看，故事的力量不仅在于可以打动人心、悦人耳目，还在于可以说服他人。格林博士做的另一项研究表明，人的头脑处于故事模式而非逻辑分析模式时，往往更容易接受他人的看法。如果你能用故事来说明你想要强调的观点，就更有可能让别人理解你的信息并牢记在心。

在讲故事的时候使用语言和图像也可以提高教学效果。获取新信息时牵涉的大脑部位越多，新信息留存在记忆中的概率就越大。因而，我们在社交媒体中接触到的卡通漫画或零星信息往往比我们阅读的纯文本或收到的详细信息更加生动和难忘。

谨慎采用厌恶学习法

一家大型航空公司播放了一段培训视频，告诫员工在飞机发动机运行时不要靠得太近。视频中并没有介绍任何规定，也没显示任何文字，员工只看到一名空服人员冒冒失失地走得太近，一下子被吸入发动机，场面非常血腥恐怖，即便是经常看好莱坞暴力凶杀电影的观众也会感到恶心反胃。不过，这段视频的警戒作用非常有效，这家航空公司从未发生过此类致命事件。

无独有偶，一家电梯公司希望公司的机械师明白每个电梯井的底部都有一个小空间，如果他们被困在自由下落的电梯轿厢下方，这个小空间便可以挽救他们的性命。公司要求新进的机械师蹲在电梯井的底部蜷缩成一团，然后开动电梯，让电梯向他们高速冲去。这种体验非常可怕，几近虐待，但经过这番亲身体验之后，所有的机械师都借助这个小空间保全了自己的性命，同时对这个小空间的存在也永生难忘。

虽然通过引发我们的奖赏反应来进行教学往往效果最为理想，但是通过触发威胁反应来进行教学效果也很不错，当然这种教学方式要小心谨慎地使用。

消极学习有助于抑制行为，但不利于引导创造性的思考。这是因为消极学习激起了大脑的威胁反应，这时你的前额叶皮层暂时关闭，大脑的管理功能也随之停止了。你的反应可能非常迅速，发乎本能，但不够细致周到。有些时候，迅速轻率的反应可能无关宏旨。但是，如果牵涉到人身健康和安全，如上述航空公司和电梯公司的例子，恐惧条件反射可是生死攸关的关键反应。许多军事行动和执法行动也与此同理，你稍一犹豫就可能性命不保了。在遵纪守法方面，这种迅速反应也很有价值，人们必须知道如果他们违反规则或法律就会受到惩罚。

归根结底，卡普格拉妄想症令人匪夷所思之处，即戴维认得父母的样子却又觉得他们是假父母的奇怪现象，原来是情感紊乱造成的。戴维的大脑中识别他人身份的能力与判定情感冲击的能力之间的联系在交通事故中遭到了严重破坏。我们看到亲人时，大脑的边缘系统通常会产生情绪反应，向自主神经系统发送信息，心率会加快，汗液也略微增多。而在戴维的大脑里，情绪反应一直无法传送给自主神经系统。

虽然情感的缺失使得戴维头脑混乱，也让他的父母伤心沮丧，不过最终神经可塑性发挥作用，扭转了这一局势。事实证明，卡普格拉妄想症并不一定会永久不变。这种病症似乎可以不治而愈。后来，戴维逐渐恢复了对父母的情感反应，不再把他们当作骗子。

总之，他的大脑经历了一番磨难后又有长进了。

第6章小结

学习永无止境。人们曾经以为人到了20多岁时大脑的回路就固定不变了，现在却发现大脑其实比大多数神经科学家想象的更加灵活可塑。你需要做的只是掌握学习方法而已。

学习是一个饱含情感的过程。只有你投入情感了——无论是积极的情感还是消极的情感，学习才有可能发生。没有情感的冲击，你长期记住新信息的概率就会大幅降低。

通过海马体的考验。海马体在判定信息是否值得记住时会权衡两个因素：情感冲击和新鲜感。

一切学习都关乎生存。从大脑的角度看，只有激发奖赏反应或威胁反应的信息或经历才值得保留。

睡眠对学习的影响。睡眠对学习而言至关重要，因为大脑通常在睡觉的时候将其认为值得保留的信息从海马体转移到长期记忆之中。

从一开始就要把握正确的方法。无论好坏，第一印象总是最强烈的印象，因此从一开始就必须投入时间和金钱恰当地培训员工。

谨慎运用厌恶性学习。迄今为止，印象最深的学习方式来自于负面经历，但是厌恶性学习无法培养积极的行为。所以，你只有在偶尔想要抑制不良行为的时候才采用这种学习方式为妥。

共同学习的群体。人类本质上是社会性生物，因此我们向他人学习、与他人共同学习的时候，效果会更好。这也说明了故事的力量和为他人树立好榜样的重要性。

第3部分

打造理想团队

第7章　量才而用
第8章　培养信任
第9章　建立梦之队

第 7 章
量才而用

员工的能力和性格各有千秋对公司的发展有利。

1961 年，作家兼编辑斯坦 · 李把一群超级英雄组合成一个团队“神奇四侠”，开启了漫画界的新风尚。里德 · 理查兹、里德的女朋友苏珊 · 斯通、苏珊的弟弟约翰尼 · 斯通以及里德的大学好友本 · 格雷姆一行四人乘坐宇宙飞船航行的时候遭遇了强烈的宇宙射线风暴，回到地球之后发现射线辐射使他们的身体发生了稀奇古怪而又各不相同的变异。里德 · 理查兹的手臂和双腿犹如柔韧的橡皮筋一样可以自由伸缩。苏珊 · 斯通可以随意隐形。苏珊的弟弟约翰尼可以像开落地灯一样轻松地把自己变成一团火焰。而变化最大的估计是本·格雷姆，他变成了石头怪物，相貌丑陋，身体坚硬无比，力大无穷。本对自己的变异懊恼不已，自嘲是“石头人”。其他人效仿他的做法，也给自己取了别称，里德·理查兹自称“神奇先生”，苏珊·斯通自称“隐形女侠”，约翰尼自称“霹雳火”。

“神奇四侠”的组合非常巧妙，因为与商界最佳团队的特点不谋而合。这 4 个人都有各自擅长的独特技能，行事风格和性格禀赋各不相同，有时甚至大相径庭。虽然这 4 个人在工作之余偶尔也会出现矛盾冲突，但当他们携手合作时，就会暂时将争议搁置一边，同心协力，除暴安良，拯救人类。

什么是多样性？

我们大多数人听到“多样性”这个词时，就会想到不同的国籍、文化、民族、经济背景和性别。然而，一个团队的成员也许来自不同的地方，文化背景也各不相同，但他们解决问题的方法有可能十分有限而单一。当然，促进多样性还有另一种方式，那就是召集有不同专长且性格各异的人组建成团队。如果一个团队里的人思想志趣都相同，大家可能会陷入一种自满的状态，从而降低工作绩效，阻碍创新和心流的出现。

如果一个团队里的人思想志趣都相同，大家可能会陷入一种自满的状态。

性格的科学原理

一百多年来，企业一直都在使用性格测试，但遗憾的是，这些测试多数都缺乏切实的神经科学依据。没有科学依据，性格描述很容易受到所谓的确认偏误的影响。

性格描述存在的问题

1948 年，一位名叫伯特伦·福勒的心理学家对学生进行了性格测试。福勒收到填好的测试问卷后，立即把问卷都丢了，然后在学生毫不知情的情况下给他们每个人都发了一份一模一样的性格描述，要求他们阅读自己的性格描述，并对描述的准确度按 0 到 5 分给出评分，5 表示“非常准确”，4 表示“准确”。

令人难以置信的是，这些性格描述的平均准确度评分达到了 4.26 分。

换句话说，大多数学生真心觉得这份性格测试准确地描述了自己独特的性格。在福勒揭晓真相之前，大家都没有意识到这份性格描述其实是他从报纸的星座专栏上剪下来的。这份性格描述和一般的星座描述一样，措辞含糊，略带恭维，批评的话语点到为止。因为受到心理学家所谓的确认偏误的影响，大多数学生读了这份性格描述之后都觉得其中积极肯定的话语很有道理，而忽略了消极否定的或自己没有产生共鸣的话语，然后得出结论认为这份描述准确地反映了自己的性格特征。

如今，认知科学家会将性格测试的分数与大脑扫描的结果进行比对，从而降低了确认偏误的风险，提高了性格描述的准确性。例如，已经有研究对性格内向者和性格外向者的大脑差异进行了比较。

性格是内向还是外向，关键在于能量

内向的人不一定就腼腆害羞，外向的人也并非个个擅长交际。这两类人的区别主要在于能量。内向的人觉得社会交往会消耗能量，而外向的人却能从社会交往中汲取能量。

我们在检测这两类人的大脑时发现了产生这些差异的线索。内向的人前额叶皮层中的灰质更多，也更浓厚。非常外向的人灰质更稀薄，说明外向的人不喜欢一个人默默沉思（即运用默认网络，参见第 3 章），而是喜欢生活在当下，这时大脑使用的是直接体验网络。

性格内向者和外向者都追求奖赏，两者的区别在于从哪里寻求奖赏。康奈尔大学对性格外向者和内向者的研究表明，外向者会从身边的环境中获取奖赏感，而内向者则会从自己的内心想法中获得奖赏感。

如果你是一位企业领导，那么你应该了解一点：内向者需要个人空间和休息时间，而外向者如果长时间没有参与社交活动就会坐立不安。

了解员工的不同需求比大张旗鼓地进行绩效评估或煞费苦心地组建团队更为重要，这也是你设计布置工作环境时应该考虑的一个重要因素。

我们曾经见过一家公司的全新办公室设计，从这份设计中可以明显看出这家公司根本没有考虑员工的不同需求。这份办公室设计没有用传统的屏障将各个工作区域分开，而是采用类似玻璃的耐用、透明材料来搭建大多数隔墙，结果无论办公室的门有没有打开，每个人都可以看见同事办公室里的情形。

公司里外向的员工非常喜欢这份新设计，而对于内向的员工来说，这种设计不啻为一场活生生的噩梦。内向的员工立刻采取防卫措施，依照自己的性格调整了工作环境。就像小孩子在客厅中间把枕头和沙发垫堆叠起来筑起一座“堡垒”一样，这些内向的员工纷纷在四周摆上书架、文件柜，垒起成堆的盒子，或者挂上皮制大衣、西装或夹克来遮挡他人的视线。简而言之，内向的员工把原本通透的创新设计变成了一个酷似服装店杂乱仓库的空间。

这家公司的领导可能觉得自己的办公室设计很有创意，可是他显然没有意识到三分之一到一半的员工都属于性格内向者。（事实上，如果用广为采用的迈尔斯－布里格斯性格分类指标进行测试，美国心理类型应用中心估计测试结果为内向型性格的人数百分比在47%和55%之间。）这种毫无隐私可言的办公室设计使得这么多人突然之间要一边忍受着连续不断的本能威胁反应，一边还要继续做着原本就棘手的工作。

如果公司的团队能准确了解员工的不同长处和性格，工作环境也能尽量容纳团队成员的不同工作方式，团队的工作效果就能达到最理想的水平。当然，即使在一家讲究各有所长、各尽所能的公司中，有的团队依旧可能全是性格脾气如出一辙的员工。这些由志同道合者组成的团队可能关系融洽、同心同德，但在创新和创造力方面更容易陷入困境。

无论这位别出心裁的公司领导是事先征求了外向型员工对新办公室设计的意见还是自行做了决定，他总归完全忽略了一个事实：他的员工当中也许还有人有截然不同的观点。如果他一开始就能考虑到不同员工的需求，便绝对不会采纳这样的办公室设计。

团队人员的搭配

尽管有成千上万的研究可以让我们对工作场所的多样性有更深入的总

体了解，但是我们发现关于不同的性格特征迄今为止最有用的、符合神经科学原理的见解来自一个出人意料的地方，一个专门为潜在情侣牵线搭桥的网站。

罗格斯大学生物人类学家海伦·费雪原本只是为了研究浪漫爱情的化学原理才特别关注亲密关系及男女性格差异的神经科学原理，不过她通过分析潜在情侣总结出来的神经化学原理也可以用来剖析企业环境中团队成员的相互作用。费雪博士的分析借鉴了神经科学原理，而不是采用其他人常用的性格分析方法（如迈尔斯－布里格斯性格分类指标）。

性格相投的化学原理

“为什么我们会爱上某个人而不是另一个人？”本着这样一个简单的基本问题，费雪博士开始了对爱情的研究。她开展了一项大规模的大脑科学研究，将大脑活动与择偶联系起来。首先，她对大脑系统进行了研究，区分出 4 个神经化学系统，每个系统与一组生物学意义上的性格特征相关联。接着，她设计了一份调查问卷，即费雪性格气质量表，用于测量个体的性格特征在 4 个大脑系统中的表达程度。然后，通过与一家互联网流行约会平台合作，她获取了 80 000 多名正在寻觅人生伴侣的女士和男士的个人资料，按照性格气质量表收集他们的数据，并选择其中的一些人亲自面谈进行深入研究。费雪之后又利用功能性磁共振成像技术分析了一组接受性格测试的人的大脑。最后，她将这些受试者的神经科学数据与其在约会网站上的行为相互对照，发现了一个令人惊讶的规律。

我们选择一位特定的伴侣并不是纯粹的偶然行为。某些人会相互吸引的关键在于他们各自的神经化学平衡状态。人们大脑中的某些物质含量不同，性格就会产生差异。这些神经化学物质调节着我们的行为，在很大程度上也决定了我们的性格。费雪博士根据两种神经递质（多巴胺和血清素）和两种激素（雌性激素和睾酮）的活性确定了 4 种基本的性格类型，分别称之为探险者、建设者、协商者与指导者。

探险者

探险者喜欢追求刺激。还记得第 1 章的倒 U 形曲线吗？探险者大脑中的多巴胺系统更加活跃，去甲肾上腺素分泌得更多，因而绩效曲线通常偏向右侧，即他们实现最佳绩效需要的压力水平更高。因此，这类人喜欢寻求新鲜的刺激，乐于尝试惊险的事物，并且热衷于不断变换花样，只为追求更多的奖赏。

探险者喜欢追求刺激。

不过探险者有一个缺点：他们总是追求新鲜的体验，因此无法很好地应付无聊的状态。除非他们对某件事确实有兴趣或感觉有难度，否则注意力很难维持。不过，如果他们觉得某件事情很有挑战性，就会变得无比专注，虽然专注的时间很短暂。探险者常常与其他探险者惺惺相惜，因为大家都喜欢探险。

建设者

相对于探险者，建设者的性格由于血清素的安定效果而更趋于稳重。从许多方面来看，建设者体内分泌的血清素使之性格与热爱冒险的探险者恰恰相反。心理学家马文·扎克曼就将体内血清素活性较高的人称为不追求刺激者。如果按照第 1 章的倒 U 形曲线来衡量，建设者的绩效曲线肯定位于左侧，即达到最佳绩效需要的压力水平较低。

建设者行事小心谨慎，但并非不善交际。相反，他们经常在社交场合中如鱼得水，在团队合作中也表现出色。建设者也并非胆小怕事，只是遇事从容、踏实，会花时间认真总结经验教训，并有条不紊地为未来做准备。

当然，建设者为人踏实稳重，可能凡事会比较较真，无论如何都会固执地按照计划行事，一般无法容忍偏离既定计划的行为。不过，如果建设者的长处能得到充分的利用，他们可以把一群人凝聚在一起。建设者通常喜欢与同类人为伍。

协商者

协商者的性格主要受到雌性激素的影响。虽然雌性激素通常被认为是女性特有的激素，其实男性也有。无论男女，协商者的口头表达能力通常都很好。此外，这类人特别擅长察言观色，能敏锐地捕捉到他人的思想感情。实际上，如果协商者说自己“感受到了你的痛苦”，可能并没有夸大其词。经常把这句话挂在嘴边的克林顿总统就是一个典型的协商者。

如果协商者说自己“感受到了你的痛苦”，可能并没有夸大其词。

然而，这种强烈的同理心也可能使协商者失去自我，他们会为了取悦他人、避免冲突与不和而竭尽全力。此外，协商者凡事瞻前顾后、考虑周全，有时便无法把握重要的方面当机立断。协商者有时选个方向都要左思右想，犹豫半天还拿不定主意。因为协商者与指导者的能力刚好互为补充，所以这两类人一起共事的话效果会很好。

指导者

指导者和协商者刚好互补。协商者的性格受雌激素的影响，而指导者的性格受睾酮的影响。虽然大家都认为睾酮主要是男性特有的激素，其实女性也有。举个例子，善解人意的克林顿总统身上有受雌性激素决定的协商者的性格特点，而他的妻子、前国务卿及总统候选人希拉里·克林顿则具备了受睾酮影响的坚强、果敢的指导者性格。

指导者和协商者刚好互补。

无论男女，指导者都特别争强好胜。这类人性格坚韧、务实，非常果断，即使面临复杂艰难的选择也毫不犹豫。他们的主要长处包括通常与前额叶皮层相关的技能，如逻辑和理性分析。不过，这并不意味着指导者缺乏创造力。相反，他们的处事方法往往精明而大胆，不过有时候也难免受人诟病。

实际上，指导者的性格缺乏一个关键特质，那就是与人交往的委婉含蓄。因为这类人自信、严谨而又坦率，有时难免显得骄矜、固执而粗鲁。不过指导者也并非总是特立独行，他们为人坚韧不拔，且才思敏捷，适合作为朋友和同事，与协商者尤其合拍，因为协商者的沉稳内敛刚好可以调和指导者的锋芒毕露。

不同的性格气质与领导力有何关系

美国创新领导力中心指出，工作上的绩效问题至少有 65% 是由员工之间的冲突没有得到妥善解决导致的。要管理这些冲突，第一步便是充分了解员工的个人性格特征。海伦·费雪博士最初的研究重点是浪漫爱情，后来她根据自己的研究成果设计了一份调查个人神经化学平衡的问卷。自此以后，费雪博士又把注意力从男女恋爱转向企业管理，根据相同的大脑数据（神经科学性格气质数据库）设计了第二份性格调查问卷，从神经科学视角探讨商界里的工作、沟通、协作和决策问题。不同人体内的神经递质和激素的活性各不相同，因此喜好的工作内容和工作方式也迥然有异。此外，组建新团队时，你可以通过平衡不同的个性风格来提高工作绩效。

不同的个性风格可以扬长避短，彼此互补。例如，雷厉风行、好奇尚异的探险者创造力比较丰富，做事积极主动，与其共事起来充满乐趣。协商者特别通情达理，与人为善，擅长任何需要言语表达和沟通交流的事情。建设者为人沉稳持重，做事善始善终，可以保证工作按时完成，目标得到落实。指导者则遇事善于化繁为简，可以针对原本纷繁复杂的问题进行条分缕析，迅速理出头绪，让整个团队同心同德、携手向前。

不同性格的人适合从事什么工作

我们大多数人的整体性格和行为都是由遗传、经验和环境这几个因素决定的。不过，费雪提出的 4 种基本个性的人（探险者、建设者、协商者和指导者）体内的神经化学物质含量从胚胎时期就已不同，因而造就了不同的天性，使得某些团队成员比其他同事更适合扮演特定的角色或执行特定的任务。

合作

建设者特别擅长团队合作。

建设者特别擅长团队合作。研究表明，性格特征受血清素影响的员工特别“善于与他人合作”。费雪博士表示：“服用血清素促进剂的人在执行团队任务时会更加积极”。

决策

行事果断通常与睾酮有关，因此指导者较他人更长于决策就不足为奇了。虽然探险者做决定也很快（主要因为性急冲动），但指导者决断更快，因为他们意志坚定。

协商

这一点应该显而易见，协商者可不是徒有虚名的！

写作

人们长期以来都认为言语流畅与决定协商者性格的主要激素雌性激素有关。

全局思维

费雪博士认为，协商者擅长网络思维，很多人也称之为统观全局。费雪将其定义为“自行收集各种零星数据、权衡这些数据的主次利弊并梳理其间关系的天然能力……”。无论如何称谓，总之协商者具备这种本能就是了。

精雕细琢

协商者面面俱到而非单刀直入的思考能力虽然有时令人惊叹，但也有一个明显的缺陷。这种思考方式会使他们容易“只见森林不见树木”，而统揽全局的时候无法专注于重要的细节。如果你希望事情周全圆满、精益求精，那么就要寄希望于指导者，这类人往往明察秋毫、虑无不周。

行政管理

建设者可以成为优秀的管理人员和行政人员。开会的时候，虽然协商者可以让会议气氛融洽，但确保会议井然有序的是建设者。

处理混乱

虽然真正的多任务处理极为罕见（见第 3 章），但探险者通常比一般人更擅长同时兼顾多件事情，可以一心多用。

条理清晰，遇事谨慎

一个团队中如果大多数成员都是建设者，则这个团队可能会非常古板守旧、循规蹈矩；但是，如果一个团队缺少了建设者，就会人心涣散、行事鲁莽。

遵守时间期限

探险者体内多巴胺分泌旺盛，因此他们活泼好动，但有一个缺陷，他们有时喜欢拖延。如果你希望工作能按时完成，就要寄希望于建设者。

鼓舞士气

探险者的性格最为乐观热情，这两个特征通常与多巴胺有关。

高绩效团队

创建高绩效团队时，特别重要的一点是要尊重彼此的需求。以下是你将不同性格的人员纳入团队时应该注意的要点。

探险者：探险者特别容易感到无聊。这类人在压力水平较高的时候才会达到最高绩效状态。因为他们总是追求新的挑战，如果你让他们做枯燥无味的事情，他们就会厌倦颓丧。探险者富有创意，思维敏捷，所以应该给他们安排需要发挥创造力的工作。

协商者：协商者非常善解人意、顾全大局，希望能得到上司与同事的喜爱和欣赏。协商者对悬而未决的冲突非常敏感，如果你没有营造出彼此信任、相互欣赏的工作气氛，他们的工作绩效就会受到影响。协商者的优点有：与人为善，能言善道，善于把看似毫无关系的话题联系在一起。

指导者：指导者意志坚定，能谋善断。这类人在激烈竞争的环境里往往如鱼得水，擅长解决问题、树立规矩。指导者体内的睾酮水平较高，因此与人沟通时会显得相当强硬，不容易通融。他们只有在等级分明、分工明确时才能与他人融洽相处，否则很容易与人公然争执或相互指摘。指导者喜欢引领他人，渴望成功，那么就让他们大显身手吧，不要剥夺他们的乐趣！

建设者：顾名思义，建设者是社会的支柱。这类人工作起来总是有始有终，坚持到底。建设者做事有条有理、勤勤恳恳，能够未雨绸缪，但是如果工作计划或约定事项出现了始料未及的变化，他们就会方寸大乱。建设者需要有自行决定日程安排的自由，还需要一个不太嘈杂混乱的工作环境，如同他们自己宁静祥和的家里一样。虽然建设者不动声色，不过他们工作起来尽职尽责，对团队的贡献不可小觑。

同男女相亲一样，工作中也要找到合适的搭档和恰当的沟通方式，这样才能促进不同性格的员工相互理解、通力合作。无论哪个团队，成员之间不可能完全融洽，因此更需要了解彼此与生俱来的偏好，明白与他人相处时的注意事项，这样才能相安无事。即便同事的优点与你的长处截然不同，你也要投其所好，互通有无，这样才能互惠互利。

为什么要进行绩效评估

你要修水槽的时候肯定不会叫个电工来，而是叫水管工来。你肯定也不会跟电工说：“你的电工技术很好，可我觉得你真的需要多花点工夫提高一下水管工技术。”

我们每个人都有自己的长处和短处。很多人为自己的长处感到自豪，多数人也都非常清楚自己的短处。做自己擅长的事情会让我们注意力集中，触发体内多巴胺的分泌，而且往往能让我们进入心神安宁的心流状态。而做不太擅长的事情会令我们沮丧气馁，并耗尽我们的能量。根据耶克斯和多德森的倒U形曲线（见第1章）以及米哈里·希斯赞特的心流模型（见第3章）揭示的原理，这种做法显然属于失策之举。身为领导者，何必故意违背员工的天性，令其失去动力和耗费精力呢？

你就算不是神经心理学家也会意识到绩效评估期间几乎人人都惶恐不安，这样会消磨大家的精力，打击大家的士气。美国企业执行委员会公司

绩效评估会消磨大家的精力，打击大家的士气。

旗下的企业领导力协会于2012年开展的一项研究发现，接受调查的管理人员、员工和人力资源主管中有四分之三都认为绩效评估的结果无效、失准或两者兼而有之。《华盛顿邮报》登载的一篇文章的标题更简明地表示："研究发现基本上每个人都讨厌绩效评估。"

虽然不同的公司略有差异，不过年度绩效评估一般包括对每个员工的优缺点进行排名（通常只是数字，偶尔也有评论），对突出成绩做一番简要表扬，重点指出一些明显不足，并制定一些来年弥补这些不足的具体目标。

除去绩效评估一般会与加薪挂钩不论，我们认识的管理人员和员工很少有人喜欢绩效评估。恰恰相反，他们都害怕绩效评估。这一点也不奇怪。对于管理人员来说，绩效评估往往意味着一大堆烦琐的工作。对于员工来说，绩效评估即便不说是令人闻风丧胆，也足以让人谈之色变。

为什么电工对水管工技术一窍不通就要觉得自己一无是处呢？为什么一个擅长与客户打交道的员工写文稿不太拿手就要觉得低人一等呢？太多的公司不是想方设法发挥员工的特长，而是煞费苦心地想弥补他们的短处。打个比方，一味地填土，山谷也许可以增高，可与此同时山峰也显得低矮了。员工为了精进自己原本就不拿手的方面，只能忽略自己擅长的技能。太多的公司非但没有追求卓越，反而朝着平庸渐行渐远。

有时候，这样的本末倒置会显得有点荒唐可笑。我们听说过有这么一位赛车手，他是世界上最顶尖的赛车手之一，可他站在麦克风前面讲话时就显得无所适从。按理说他成为世界级的赛车手并不是为了提高自己的公众演讲水平。大家对他开赛车时的表现有目共睹，但他如果是一个普通的公司职员，他的经理可能会好心地劝他说，虽然他开着赛车急速转弯的能力无人能敌，但他在赛车之余最好能腾出点时间报个公共演讲或者辩论的培训课程。如果真是这样，那么这个世界就会少了一个出色的赛车手，多了一个平庸的公共演讲者。

当然，在一定范围内，如果员工不符合某些标准，那么肯定要采取一些措施来弥补不足。我们主张只从 4 个方面对员工进行评估，而不是按照 5 分制或 10 分制的衡量标准进行评分。这 4 个方面为：

1. 不合格；
2. 合格；
3. 专业；
4. 一流。

相对于许多公司现在使用的一些衡量标准，我们的考核方法有所不同，如果按照他们的标准，某个员工究竟是 4 分还是 5 分很难确定，而根据我们提出的这几个简单的等级对员工进行评估则比较容易。按照这种考核办法，我们根据公司的核心标准对员工的技能进行评估之后，就可以针对这名员工乃至整个公司提出有的放矢的建议。

“一头牛不管沿着跑道跑多久，也不可能一飞冲天。”

如果某些技能被评为“不合格”，肯定要采取手段对这些方面进行改进，但我们的改进方法与传统的绩效评估不同。我们的目标不是将员工明显不擅长的方面变成他的长处。这显然不可能实现。不要试图逆着员工的天性去改造他。俗话说：“一头牛不管沿着跑道跑多久，也不可能一飞冲天。”

研究发现，某方面有天赋的受试者与某方面没有天赋的受试者相比，其大脑活动存在明显差异。此外，员工觉得困难或反感的任务可能会触发大脑的威胁反应，造成理性思维暂时短路，进而降低成功的概率。

不管出于什么原因，这门技能都与员工的天性相悖，或者他可能就是不喜欢。有时候，我们根本无需追问原因，我们的目标应该是将这门技能从“不合格”的中下水平提升到“合格”的中等水平，仅此而已，无需更进一步。这样就足够了。

强调长处

我们把不合格的技能提升到合格的水平之后，就可以集中大部分的时间来进一步发挥员工的长处。我们鼓励员工发展自己的长处，目标是达到世界级水平，而不是平平庸庸就好。注重长处的绩效评估利用了大多数员工对自己擅长的领域原本就有的自豪感和积极性，激励他们再接再厉、力争上游。这一点与突出短处的绩效评估大不相同。

至于刚才提到的世界级赛车手，他当众演讲的能力属于“不合格”之列，显然需要做一些改进。但是，他并没有从赛车训练中抽出时间报名参加公开演讲或辩论的培训课程，而是学会了用 10 种不同的语言说同样的几句话。从那时起，无论他去哪里，他都能娴熟地用当地语言对公众说几句话，结果大受欢迎。他没花多少时间和精力就把自己的演讲能力从“不合格”提高到了“合格”的水平，从而能够把大部分的心思都集中用在比赛上。至于与当地媒体的其他互动活动，他可以将其委托给一个应对媒体的能力达到“一流”水平的发言人。这就是各尽其能、各得其宜的生动体现。

虽然团队评估明显不同于个人绩效评估，但基本方法并无二致。重点是应该组建一个专家团队，鼓励他们发挥自己的长处，投入最少的时间和精力将所有“不合格”的技能提升到“合格”水平，但无须再进一步。简而言之，以下是我们成功向世界各地的团队推荐的方法。

1．列出决定团队成功与否的关键绩效指标（KPI）。

2．对每个团队成员的各个指标进行评估。

3．确定“不合格”的指标，并将其提高到“合格”的水平，但无需再进一步。

4．激励每个人发挥自己的长处，力争达到“一流”水平，培养团队的集体自豪感。

5．如果整个团队某个指标的最高等级是“合格”，则从团队之外找一位在该领域水平“一流”的员工加入团队。

组建团队和管理团队的道理其实很简单：不需要每个人都样样精通，你的团队应该是一群各有所长的人，而且大家的技能都达到了专业水准以上。

不需要每个人都样样精通。

如果里德·理查兹不会隐形，没关系，苏珊·斯通可以。同样，情绪多变的少年约翰尼·斯通不适合当团队的领导，而年长睿智、人情通达的里德·理查兹则可以胜任。而要论摇身变成一个火球飞上天空的能力，约翰尼的水平绝对是“一流”的。至于石头般坚硬的“石头人”本·格林，他的能力确实过“硬”。一个团队如果能集结一群各有所长的人，大家各司其职、各尽其用，团队自然无往而不利。

第7章小结

人各有异。大多数性格差异都是与生俱来的天性使然。可以想见，同一个工作场所里的员工需求各不相同，如果你能尊重这些不同的需求，并尽量灵活地包容这些需求，员工的工作绩效会更高，工作起来也会更开心。

神奇四侠。根据罗格斯大学海伦·费雪博士设计的一种科学可靠的心理测量方法，4 种神经化学物质决定了 4 种主要的个性风格，分别称为探险者、建设者、指导者和协商者。

探险者和建设者。探险者热衷于追求感官刺激，体内含有对新奇事物特别敏感的多巴胺系统的若干基因。这类人乐观积极，富有创意。建设者因其忠诚、稳重、可靠的特质而受人器重，其性格受与平静和幸福感相联系的血清素系统影响。

指导者和协商者。睾酮系统十分活跃的男性（和女性）称为指导者。这类人往往善于运筹帷幄，思维清晰，坚定果断。性格主要受雌性激素影响的女性（和男性）称为协商者。这类人具有敏锐的洞察力，善解人意，口齿伶俐，管理能力与社交能力突出。

一个团队的成员虽然来自五湖四海，但未必性格不同。团队成员看起来面貌各异，但他们的思维方式可能雷同。团队获得成功并不是因为大家的外表或背景各不相同，而是因为大家各有所长，性格各异。

一流水平。不要费心让每个人都成为通才，而是召集拥有一项或几项你需要的顶级技能的员工进入你的团队，然后激励他们在自己业已擅长的领域继续发展，帮助他们成为"一流"人才。

强调长处。在对待团队成员的短处时，将其属于"不合格"的方面提升到"合格"水平就行了，不必再有更高要求。然后把其余的时间用来提高他们现有的长处，帮助他们成为一两个领域里的"一流"人才。

物色你的专家人才。列出你的团队需要的顶级技能，然后根据这份列表对每个人进行排名。排完名之后，每个人都应该能够明确而自信地回答"我为什么进了这个团队"这个关键问题。

不要费心教一头牛飞行，而是聘用一只鸟。与其徒劳无功地试图将员工的短处培养成长处，不如另外聘用一个原本就对你需要的这门技能十分擅长的人才。

不要强求每个人都样样精通。不要指望团队里的每个人都是多面手，而是确保每个人都有自己的专长。任人唯贤，量才而用。

第 8 章 培养信任

相对于动力和金钱，信任更是让成功的团队人心凝聚的黏合剂。

如果我们说一颗葡萄干改变了世界，这话可能并不夸张。20 世纪 90 年代初，意大利帕尔马大学的科学家在研究一只猕猴抓取葡萄干和坚果之类的细小食物时运动皮层里的神经元活动，结果发现有一个神经元控制着抓握运动。猕猴每次拿取食物时，这个神经元就会被激活，科学家们便可以从实验室里安装的扬声器里听到放大了的神经元活动的声音。

然而，有一天意想不到的事情发生了。

实验间歇期间，所有人都在休息。有个博士生想吃些点心，就顺手抓了一把离他最近的零食，这把零食恰巧是猕猴吃的葡萄干。

突然，与猕猴大脑相连的放大器发出了大家熟悉的神经元被激活的声音。科学家们吓了一跳。虽然猕猴当时什么也没有做，但它的大脑发出了抓取食物时才会发出的信号。这是怎么一回事？

得益于这次实验室的侥幸意外，贾科莫·里佐拉蒂博士和他的研究小组发现了现代神经科学领域最重要的现象之一。猕猴的大脑（以及人类的大脑）拥有一个称为镜像神经元系统的功能，这个系统是一个神经细胞网络，里面的神经细胞在我们做出一个特定行为**或者**看到别人做出相同行为时都会被激活。

我们看到别人做相同行为时大脑的神经元就会被激活，这个功能非常惊人。研究表明，大脑不怎么区分我们自己的行为和我们看到的他人行为。实际上，只要我们与他人在一起，我们的大脑就会不断对周围人表现出的行为产生"镜像"。

许多神经科学家认为由于镜像神经元的作用，人类才能产生同理心，一切人际交流才有可能。里佐拉蒂接受《纽约时报》采访时说："镜像神经元使得我们可以不通过概念推理而是通过直接刺激来掌握他人的思想。通过感受，而不是通过思考。"

这一发现使我们对人性的认识发生了范式转变，许多由来已久的模式需要重新审视或完全淘汰。这一重大突破出现之后，最有影响力的当属亚伯拉罕·马斯洛的著名理论。

金字塔理论

如果你对高中或大学时学习过的心理学知识还有一丝印象的话，估计就是马斯洛的需求层次。需求层次呈独特的金字塔形，最底层为生理需求，如呼吸的空气、饮用的水和果腹的食物，往上依次是安全、爱与归属感、尊重，最顶层为马斯洛所谓的自我实现。

马斯洛的需求理论确实不同凡响，金字塔模型的设计堪比神来之笔，既容易记忆又有点神秘玄妙，无怪乎传诵至今依旧为人所称道，可谓经久不衰。

遗憾的是，马斯洛的模型虽然精妙，却缺乏如今的前沿神经科学所能提供的证据。虽然需求层次被视为现代心理学的基本原理，但实际上并没有足够的科学数据予以支撑。言语尖刻的记者门肯曾经有言："人类的每一个问题总有一个众所周知的解决之道——简单易行，貌似有理，实则错误。"就像"我们只使用了10%的大脑"这样的荒谬观点一样，需求层次理论引人遐想，不是因为有什么证据支持，而是因为听起来很有道理。

• • •

可是，你只需花几分钟时间考虑一下婴儿的处境，就会意识到没有人照料饮食起居，我们几个小时都活不下去。这就是为什么说我们的社会需求对自身的生存来说是绝对不可或缺的。社会需求应该处于金字塔的底部，而不是中部。我们从出生开始就有一个根深蒂固的与他人链接的基本需求，而且这个需求贯穿我们的一生。生而为人，我们从根本上而言都是社会性生物。

我们从根本上而言都是社会性生物。

作为一个领导者，你如果忽视了这个核心真理，就很危险。群体成员之间的行为称为群体动力学，其中大多数行为都取决于我们对周围的人是敌是友的判断。我们在第 2 章了解的边缘系统的两个主要回路（奖赏和威胁）在很大程度上决定了我们对他人的行为。我们对自己遇到的和共事的每个人都会做出快速判断。所有人都基本上分列两个阵营："我们"和"他们"。

出于生存本能，我们的默认反应是把周围的人都视为"他们"阵营的一分子。换句话说，将其视为对我们生存的威胁，直至我们确定他们不是威胁才会解除戒备。大脑恪守的经验法则是"宁要安全不要后悔"。这一法则会触发心理学家所说的回避行为，即反击、逃避或按兵不动的倾向，至少要小心提防。回避行为的另一面是趋向行为，这是一种同样原始的、将他人置于"我们"阵营的反应，其基础是对他人的信任感。趋向行为会促使我们放下武器，解除防备，向周围的人敞开心扉。

没有人会注定永远待在"他们"阵营，也没有人势必一辈子一直待在"我们"阵营。虽然除了我们最亲密的家庭成员之外几乎每个人都会先进入他人的"他们"阵营，我们可以想办法获得周围人的信任，逐渐减少他们的回避行为，鼓励趋向行为，直到我们最终被接纳为"我们"阵营中的光荣成员。

当然，"我们"和"他们"之间的区别在很大程度上取决于所处的环境。同一家公司的两个竞争部门通常会把对方视为"他们"阵营，直至双方遇到了对彼此都有同等影响的挑战。突然之间，参照物变了，两个部门顿时成了并肩作战的同盟。聪明的领导者有时会故意创造一个外界的敌人，可以是竞争、经济衰退或不确定的未来之类的危险情况，从而巧妙地让不同的团队相互信任。大家都知道，政治人物为了让选民团结一心经常会这么做。同样，在有些情况下视他人为“他们”的心态也很有好处。“我们”的心态可以促进合作和信任，而“他们”的心态可以增强动力和专注。

“我们”的地位虽然看起来更稳定一些，可有时也未必安如泰山，即使是亲人和受尊重的同事有时也会失去信任。社会认知神经科学家通过仔细研究脑部扫描结果发现，无论是真实的还是臆想出来的社会排斥、社会冷遇或违背信义，都会实实在在地产生和身体伤害一样的痛苦。事实上，你被人用树枝或石块击中时激活的大部分大脑区域与你被同辈排挤或嘲笑时激活的大脑区域是相同的。虽然学校里动手的性质比动口更严重，但是树枝和石头只是偶尔才会把你的骨头打断，而他人的辱骂每次都会让你很受伤。

如果某件事或某个人让你感觉痛苦，回避行为不仅是自然反应，也是明智之举。如果你曾经信任的人伤害、背叛了你，或在某些情况下让你失望了，你可能就会把他们从“我们”阵营排除出去，重新归入“他们”阵营。此外，这种他人的地位变化可能是不知不觉地发生的。你的边缘系统会在前额叶皮层并不知情的情况下悄无声息地做出重新调整。

显然，作为领导者，你不能让无意识的反应或者纯粹的运气来决定你的团队或整个组织是安定团结还是剑拔弩张，工作高效还是疲软不前。你需要对团队成员之间的关系胸中有数，这样才能有章可循、胜券在握，得到自己想要的结果。

斯卡夫模型的构成

既然马斯洛的金字塔模型不足为训，那么我们还有什么理论可资借鉴呢？《工作中的大脑》一书的作者戴维·罗克提出了一个反映社会认知神经科学最新发现的社会互动模型。这个模型虽然没有独特的形状，但至少有一个难忘的名称：斯卡夫。

斯卡夫的英语简称为“SCARF”，这 5 个字母分别代表了决定某个群体是采取趋向行为还是回避行为的 5 个主要因素——地位（status）、确定性（certainty）、自主性（autonomy）、关联性（relatedness）和公平性（fairness）。将这些因素扭转为积极状态对于项目、产品或公司的成功都有促进作用。我们对镜像神经元的认识清楚地表明，如果你是企业领导者，则可以有意做出表率，使这些因素呈现出积极状态。如果你感觉自己的团队存在问题或摩擦，则可以利用斯卡夫模型作为诊断工具，找出可能存在问题的方面，然后根据这些发现帮助大家回到正确轨道上。

地位

地位可以指一只昂贵的手表、一辆豪华的轿车或一笔丰厚的奖金。可以，但未必。从领导者的角度来看，地位是指下属与你互动之后的感觉。他们是觉得自己更重要、更受器重、更受赏识了，还是感觉自己更渺小、更卑微、更遭人嫌弃了？

从进化的角度来看，我们都希望自己是群体里的重要一员。在一项研究中，68% 的销售代表为了赢得一颗星（印在他们的名片上），表明自己是一家精英“总裁俱乐部”的会员，宁可牺牲丰厚的薪水。虽然听起来不可思议，但这颗星在他们心目中比金钱更重要。

作为领导者，你可以选择自己对待团队成员的态度：要么让他们感觉受到重视，觉得自己确实有所作为，要么让他们感觉自己低人一等、无足轻重。

真诚地对待你的同事，让他们知道你真的觉得他们很重要。这不是故作姿态。事实上，就像自卑的人经常对自己默念自我肯定话语一样（见第 2 章），如果你违心地称赞同事，结果可能适得其反。人们都喜欢这种“自己在他人眼里很重要”的感觉。你的态度是让他们觉得自己很重要，还是让他们觉得自己一文不值？

确定性

我们的大脑一直在不断努力预测未来。哲学家、认知科学家丹尼尔·丹尼特认为，人类就像一台预测机器。大脑会根据边缘系统的活动不断得出结论，实时地修正自己的预测，比如这个人让我感觉舒服还是不舒服。确定性就是力图预测未来。

我们的大脑一直在不断努力预测未来。

想象一下这样的场景：你提早下班，不得不在高峰期的拥挤交通中一路奋战，只为赶往机场接一位从海外飞来的亲戚。但是，当你好不容易及时赶到机场时，发现航班显示屏上没有这位亲戚乘坐的航班信息。没有信息说明航班是延误了还是取消了？什么信息都没有。

你焦急地向最近的航空公司代理商打听详情，可她淡然地建议你给她留下联系电话，并告诉你这家航空公司“目前无法提供任何详细信息”，但保证一旦有确切消息，一定会给你发一条语音信息。遗憾的是，这种冷冰冰的反应可能会让你陷入威胁状态，于是你的血压飙升，体内快速分泌大量皮质醇，你会气愤得暴跳如雷。

幸好大多数航空公司早就知道针对此类不确定的情况不能采取这种敷衍的态度。他们通常会这么处理：建议你留在航站楼，最好在能听到广播的范围内活动，并敦促你每十分钟查看一下你亲戚所乘坐的航班状态的定时更新。虽然基本情况一点也没有改变，但航空公司巧妙地用“过程安全感”取代了“内容安全感”。航班的状态仍然不得而知，但整个过程不再一无所知。这种微妙的转变通常可以抵消威胁反应，让气愤激动的乘客平静下来。

你的工作单位未必是航空公司，不过依旧可以制定一个类似的有效程序，保持工作场所里的一种确定感，即便在特别艰难的时候也可以稳定人心。虽然你可能无法为员工提供他们渴望的那种内容安全感，但通常可以给他们些许过程安全感。

举个例子，如果公司即将裁员，你周围的多数员工都可能处于威胁模式，想知道自己会不会被裁掉。你可以冷静地制定出详细的裁员步骤，让所有员工都觉得自己清楚整个程序的来龙去脉，对裁员过程有安全感，因此稍微放下心来。这样通常可以减少公司的集体威胁反应。

个人的不安全感会触发自我保护的本能，使一个团队人心涣散，而安全感则会使团队人心凝聚。你制定的过程越透明，员工就感觉越安全。有了过程安全感，即使结果不确定，员工至少知道即将采取的步骤，从中可以得到些许安慰。这种确定感的核心是控制感，而控制感也是斯卡夫模型的另一个关键因素——自主性的基础。

自主性

我们的一位同事出身于富裕家庭。说来奇怪，他小时候的经历却给他留下了精神创伤。事情是这样子的：每次他无意间提到一个自己想要的玩具，无论是一个简单的火车模型还是一小套乐高积木，他的父亲就会马上冲出去把这种玩具最精致昂贵的版本买回来。可是，这个男孩非但没有感到心愿得偿，反而觉得受制于人。此外，每次他对某件事情表露出哪怕只有一星半点的兴趣，他的父亲就会高度重视，仿佛势必要把他培养成这方面的高手才会罢休。父亲的用意也许是好的，但他的态度让孩子心里充满怨恨。这位同事告诉我们：“我很快就失去了对这些玩具的兴趣，因为我从来都没觉得这些玩具是**我的**。”

每次我们在研讨会上讲这个故事的时候，会上的人听后都心有戚戚，默然反省。其中耐人寻味的地方在于：虽然这个男孩在整个童年阶段都因为这种经历痛苦不堪，但他父亲所做的一切都是为了表达对儿子的爱。

如今流行将我们同事的父亲这样的人叫作直升机父母。这种现象在商界也同样常见，而对这类人的称呼更加通俗，我们称之为事必躬亲型管理者。虽然事必躬亲型管理的初衷是好的，但效果绝对适得其反。这种管理方式是对我们最宝贵的东西——自主性的直接且可能无法挽回的践踏。

自主性是抵抗压力的最佳盾牌。

自主性是抵抗压力的最佳盾牌。许多彪炳千古、影响深远的领导人（从富兰克林·德拉诺·罗斯福总统到反种族隔离的改革者纳尔逊·曼德拉）都把维多利亚时期的诗歌《打不倒的勇者》的最后一节引为自己的人生哲学：

无论命运之门多么狭窄，

无论刑罚之卷多么满载，

我的命运，自己主宰；

我的灵魂，自己统帅。

无论是否实至名归，当人们觉得自己掌握了命运（心理学家用的是“控制点”这个稍欠诗意的术语）的时候，他们的心情就会改善，压力水平则会下降。同样是写一份客户推介材料一直写到凌晨，是因为明天就要交给上司而迫不得已加班还是因为自己主动选择加班，两者存在巨大的区别，而造成这种区别的便是自主性。

作为领导者，你可以利用很多方法让团队拥有更多的自主感，而不是眼睁睁地看着他们辞职去创办自己的公司来标举自主权。一种方法是让他们能够自由地按照自己的风格工作，只要他们愿意并能够实现你们商定的目标。我们在第 7 章中探讨过，最强大、最有效的团队往往是最多样化的，而多样性往往包括完成分内工作的不同标准和风格。如果身为领导者的你能包容这些不同的风格，就可以增强每个团队成员感觉到的自主感，从而提高工作满意度，降低工作压力，打造一个更有成效、更成功的团队。

关联性

疼痛虽然貌似只是一种感觉，其实源于大脑的两个单独的不同部位。躯体感觉皮层和后脑岛（这两个区域均位于大脑的后部）主要控制疼痛的感觉传导方面，背面前扣带皮层和前脑岛则主要处理疼痛的痛苦方面，负责让我们觉得疼痛是我们不喜欢的东西。

值得注意的是，大脑对生理性疼痛和社会性疼痛的反应几乎相同。事实上，人生最痛苦的一些经历都是社会性疼痛，如亲人去世、爱人背叛、被一个喜欢的人拒绝或被一个心仪的群体排斥。同样值得注意的是，阿司匹林和西他胺之类的普通止痛药不但能够减轻生理性疼痛，还能同样有效地缓解社会性疼痛！

也许你心里会犯嘀咕：为什么我要关心一个团队成员的痛苦，只要他能好好工作不就行了？可事实上，一个人在感觉痛苦或受到威胁的时候不可能高效工作。威胁反应会削弱一个人的计划、专注和创造能力。

研究人员通过一个称为橄榄球的游戏展示了社会性疼痛可以达到的程度。游戏里每个受试者都要与另外两个球员一起玩电子抢球游戏，这两个球员其实是一个精巧的电脑程序。随着受试者掷球抢球的动作越来越熟练，他的体内产生了玩所有电子游戏都会有的奖赏反应。但是当另外两个电脑球员突然将人类球员从抢球游戏中排挤出去时，受试者大脑的反应与经受生理性疼痛的反应几乎一样。

从职场和关联性的角度来看，这个实验对我们有什么启示？你所处团队里的人都能和谐愉快地共事吗？每个人都能收到重要的电子邮件吗？还是有些人明显不在发送列表里？如果你有一天早上在上班的时候听到周围的人都在热烈谈论前一天晚上的烧烤多么开心，突然发现他们居然没有邀请你同去，这种痛苦不亚于有人往你的心口猛击一拳。事实上，这种痛苦可能比之更甚。当人们觉得自己遭到他人疏远或排斥的时候会觉得疼痛，实实在在的疼痛。

我们对关联性的需要和对他人排斥的反应可能源于我们的祖先小规模群居的史前时代。彼时，被群体排除在外相当于被判了死刑。因此，直到今天我们一直都把受人排斥的情况视为威胁，道理就在这里。社会纽带的切断是造成抑郁和焦虑的最大风险因素之一。我们与他人联结的力量仍然是决定我们能活多久的一个关键因素。

我们一直都把受人排斥的情况视为威胁。

为了增强你和团队成员之间的联结，花些时间与他们建立良好的关系。比方说，你了解同事的家庭情况吗？你会为加入团队的新人创造和谐包容的氛围吗？团队里的老人和新人之间存在心照不宣的社交壁垒吗？

有个星期五，我们第一次去参观位于加州山景城的谷歌公司园区，发现该公司最大的餐厅里特别热闹。我们的联系人解释了餐厅里一片喧哗的原因。原来，他们正在准备与谷歌共同创始人拉里·佩奇和谢尔盖·布林举行全公司会议，两位创始人将用一个小时时间介绍公司的最新计划并回答员工提出的问题。会议的气氛非常宽松，员工可以随意提问、畅所欲言。这场会议（公司内部称之为吐槽大会）并非每年、每季度或每月举行一次，而是每周一次。虽然员工在这些会议上自由发言时要确保自己的身份不会暴露，不过确实体现了公司对人际关联性的高度重视。总而言之，斯卡夫模型中的关联性指的就是建立良好的关系。

公平性

如果你发现空无一人的街边人行道上躺着一张5美元的钞票，你会捡起来吗？我们大多数人都会。然而，如果一个刚刚彩票中奖的亲戚给了我们5美元，我们大多数人都会觉得太少了。这其间有什么不同？不同之处在于公平性。大多数人宁愿什么也得不到，也不愿接受一个不公平的交易。

对于公平性而言，感觉是关键。一种实际情况是公平与否虽然重要，但更重要的是感觉是否公平。公平性评估是一种情绪反应。当你感觉到自己或周围的人受到公平对待时，就会触发奖赏反应。事实上，对公平性做出反应的大脑部位与对生理性的愉悦（如吃巧克力）做出反应的部位相同。这种反应不仅是对同工同酬之类的事情做出的社会性反应，同时也真真切切地体现为大脑的固定回路。

> **对于公平性而言，感觉是关键。**

另一方面，你受到任何不公平对待的感觉都会触发反击、逃避或按兵不动反应中的一种。不公平的遭遇会存储在脑岛里，而脑岛是处理身体意识的部位。当我们认为自己没有被公平对待时，会“本能地”感觉到这一点。此外，原本就处于压力之下的人更有可能将某种情况视为不公平遭遇，即使实际上并非如此。

如果大家觉得公司的奖金分配或团队的成员安排不公平，大多数人都会产生非常强烈的威胁反应。公平远非“秉公办事”这么简单，而是会对公司运营产生切切实实的作用，影响着工作绩效、营业额、缺勤情况和集体归属感等方方面面。

有一种物质可以对公平感产生神奇的影响，那便是催产素。这种物质被称为强大的“拥抱激素”，通常在人们坠入爱河、生育孩子、拥抱或握手时释放出来。研究人员发现，摄入催产素鼻腔喷雾剂的人往往花钱更大方。同样，如果遭受不公平待遇的人预先摄入了催产素，那么他对不公平待遇的态度会更加淡定洒脱。

为什么催产素会干扰我们对公平性的正常反应呢？这一现象同样可以从进化的角度予以解释。催产素可以将夫妻以及家人联结在一起，使大家彼此忠诚而无私。虽然我们让外人来帮忙照看孩子常常要付酬金，但很少有父母会因为自己给孩子喂饭穿衣而要求得到报酬。这是因为父母与孩子的关系本质上不是经济关系。这是我们大多数人都能够理解并接受的真理。

更令人难以理解但又无法忽视的是，团队成员之间的基本动态关系也不是经济关系。如果你与客户的关系很好，你们之间的谈判通常就会更加顺利，因为对方不会过于斤斤计较。当人们因为金钱而产生争执时，通常争议的重点并不在于金钱，而是地位和公平。大家都认为自己的贡献应该受到重视，这时候大家在乎的不是这些钱的内在价值（即可以用来预订一辆豪华轿车或享用一顿奢侈的晚餐），而是这些钱代表了上司对大家为团队所做贡献的认可，代表了大家受到了公平对待。

不要急切地将催产素引入工作场所，更加明智的做法是努力创建一个团结、合作的团队，按照老式的方法自然地激发员工体内催产素的分泌。虽然这种方法更加耗时，但更有成效。涵盖地位、确定性、自主性、关联性和公平性的斯卡夫模型不是瓶装药剂或鼻腔喷雾剂，不可能一试即灵、药到病除。不过，这 5 个因素为常见的公司病症提供了明确、实在且可保长久的药方，也是培养信任行之有效的周全方法。

第8章小结

镜像神经元。研究发现，神经元网络在我们做出一个特定行为或看到别人做出相同行为的时候都会被激活。

以身作则。镜像神经元的发现对企业管理的启示非常明显。如果你是一个领导者，周围的人可能都会模仿你的行为。这意味着你的言行举止对他人的行为和感受都有强烈深远的影响。

奖赏可以提高工作绩效。人们在奖赏状态下工作时绩效更高。对奖赏的期望可以是人们觉得愉悦的任何事物，这种期望会触发趋向行为，而人们觉得麻烦或讨厌的事物都会导致完全相反的反应——回避行为。

斯卡夫模型的结构。斯卡夫模型是针对趋向行为和回避行为这两种现象提出的社会互动模型，目的在于尽量减少威胁，增加奖赏。斯卡夫的英语简称“SCARF”的5个字母分别代表地位、确定性、自主性、关联性和公平性。

地位。地位指的是人们与你互动之后的感觉。作为领导者，如果你对待团队成员的方式令其真切地感到自己受到了重视，他们就会相信自己确实有所贡献。

确定性。我们的大脑会不断预测未来。不确定性使我们不安，同时可能导致威胁反应，而确定的感觉可以引发奖赏反应。作为一个领导者，有些情况你没办法透露过多的细节，不过你可以介绍一些过程的详细环节，好让大家放宽心。

自主性。当人们觉得自己掌握了命运时，他们的心情就会改善，压力水平则会下降。领导者可以让团队成员自由地按照自己的风格工作，只要他们愿意并能够实现彼此商定的目标，从而增强团队的自主感。

关联性。当人们觉得与他人有联结时，工作绩效会更高。为了增强你和团队成员之间的联结，应营造一个友好包容的环境，花点时间与他们建立良好的关系。

公平性。我们要做的不是尽量提高利润，而是尽量改善人际关系，增强公平感。有些时候就算我们只是看到别人受到公平的对待，也足以让我们的大脑触发奖赏反应。另一方面，我们受到任何不公平待遇的感觉都会引发威胁反应。作为领导者，如果你能努力营造一个公平的工作氛围，所有的人和事都会从中受益，包括公司的运营情况。

利用斯卡夫模型打造工作环境。你可以利用斯卡夫模型的5个要素来设置工作环境，满足员工的基本需求，改善同事之间的互动，避免或解决冲突，并快速启动变更管理流程。

第9章 建立梦之队

如何建立梦之队，如何保证大家的情绪良好，如何创建一个有利于实现最佳工作绩效、符合大脑科学原理的企业体制？

大多数高绩效团队都期盼着他们的努力获得认可的那一刻。就这一点而言，我们要说的这个团队也不例外。多年来，他们创造了超过80亿美元的收入，创立了一个全世界知名的品牌。这个团队的创始合伙人都已经过了大家公认的退休年龄。然而，当他们于2014年11月登上位于澳大利亚墨尔本的舞台时，步履却像年轻人一样轻快而矫健。当这群人站在大家面前时，底下的观众报以迎接摇滚明星时才有的震耳欲聋的欢呼声。无论在谁看来，这个高绩效团队的成员确实曾经都是摇滚明星。

1962年乐队组建之初，他们就被称为玩摇滚乐的坏小子。1963年，披头士乐队在伦敦帕拉丁剧院精彩地演绎了一首家喻户晓的百老汇演出曲目，令在场的玛格丽特公主及王太后为之倾倒。彼时的滚石乐队已经因为他们粗糙刚硬、略显忧郁的蓝调歌词和桀骜不驯、离经叛道的另类行止而臭名昭著了。这些年轻人为世人所不容，当时的民众个个疾言厉色，视之为洪水猛兽，唯恐避之不及。

然而仅仅7年之后，约翰·列侬和保罗·麦卡特尼便分道扬镳，披头士乐队随之宣告解散，而滚石乐队却屹立不倒，一直延续至今。当他们在墨尔本的罗德－拉沃尔球场上面对 1 万名听众（相对于之前的演唱会，这个人数并不算多）登台表演的时候，这支乐队的核心成员已经一起共事了 50 多年。事实上，他们同年更早一些时候在以色列的特拉维夫表演时，4 名成员的年龄都比这个国家的建国历史还要长，实属罕见。

这本书的主旨是帮助企业领导者运用前沿的大脑科学原理实现最佳工作绩效，而滚石乐队似乎不太可能成为这方面的范例。然而，细想之下你就会发现，滚石乐队其实是一个面对“现实世界”的千变万化和千难万险依旧努力以最好的状态坚持在一起共事的绝佳团队的典范。

如果你想创建一支未来之队，就需要充分利用团队成员的现有优势，需要让他们在顺境和逆境中都能保持良好的情绪，需要创立一个可以让大家工作时各尽其责、各得其所的体制。

组建一支人尽其才的团队

对于建立高绩效团队而言，招聘人才永远胜过培训人才。虽然培训很重要，但也有其局限性。与其投入时间和金钱通过培训去培养员工可能根本就不具备的才能，不如将其用于挖掘并聘用现成的人才。一个理想的团队，其成员应该是不仅能干而且还在不断进步的人才。领导者要招纳的不是样样精通的全才，而是有一技之长的专才，然后将其培养成该领域的顶尖高手。最好的策略是聘用具备你所需才能的团队成员，然后让他们继续精进这些才能，而不是试图将一个原本不具备某方面才能的人培训成这方面的专家。

由此可见，发现人才的能力极其重要。就像记者需要有“发现新闻的敏感嗅觉”一样，成功的领导者也必须具备发现人才的本事。

发现人才

我们的一位同事曾经是一家国家级报刊的主编。他要雇用的基层员工必须能够熟练运用业内的标准排版软件在严苛的时间限制下迅速设计出报纸的版面。自然，许多应聘这份工作的求职者之前就已经学过排版软件的入门课程，以便有用之时可以自信地将其与其他技能一起列在简历上。

然而，相对于在一个井然有序且相对舒适的教室环境里使用排版软件，在一个节奏快、时间紧张的新闻编辑室环境里使用软件可是另一码事。我们的这位同事会对求职者进行面试，然后安排他们各自编排一个报纸版面。结果，这些有软件使用“经验”的求职者面对这个再简单不过的任务时却都无法完成，个个惨淡收场。

后来有一天，他面试了一位求职者，这位求职者手握一大把令人另眼相看的证书，却没有一丁点运用排版软件的经验。按照常理，他之前如果看到求职者简历里有这样明显的缺陷，马上就会将其淘汰。可是这位求职者已经来了，现场又有一个工作站可以用，他便决定让她试排一个版面。他很快便发现，虽然她之前从来没有见过这个软件，但对他的各种要求完全明白，对完成排版任务也成竹在胸，因此不但迅速准确地完成了排版，还意犹未尽地想再排一版。

我们的这位同事从这场面试中吸取了发现才能的宝贵经验。多数求职者都具备了必要的技能，但很少有人拥有真正的才能。他们通过少量的实践获得了若干知识和技能，掌握了些许能力，但并未达到唯有才能才可以企及的那种深度和灵活性。

这次招聘也让我们的这位同事明白了行事必须果断。虽然这位没有软件使用经验的求职者在他目前面试的求职者当中最为出色，但他还有几位同样应聘这个职位的求职者没有面试，于是决定等所有人都面试完了再做最后决定。结果，他为这一刻的犹豫付出了惨痛的代价。在他面试其他人期间，这位能干的求职者很快在另一家与之竞争的报社那里找到了工作，从此开始了如日中天的职业生涯，并迅速在新闻出版业这个行当里崭露头角。而我们这位同事依旧迫切需要人手填补空缺的职位，最终只好聘用了一个虽有必要的技能却缺乏突出才能的人。

这个故事所要表达的道理很简单：发现人才时要及时把握。不过必须谨慎，不要把真正的才能与熟练的套路混为一谈。在你对一个人的才能做出认定之前，要对这些才能进行恰当的评估。有些才能需要经过一段时间才会慢慢浮现，而有些能力刚开始看起来像是才能，其实不过是训练有素且通常极其有限的套路而已。

发现人才时要及时把握。

发现真正的才能

我们有一位朋友很喜欢吃墨西哥食品，经常去附近的一家墨西哥餐厅吃午饭，每个星期要去好几次，而且每次都点同样的墨西哥卷饼。这家餐厅的食品很好吃，餐厅员工态度又好，很快就记住他和他点的东西了。然而，虽然他点的东西从来都不变，但每次他说要一个墨西哥卷饼的时候，站在柜台后面的收银员都会和善地问："超大的？还是普通的？"（超大卷饼是普通卷饼的两倍大）。他每次都回答："普通的，谢谢。"在他看来，虽然收银员的问题貌似没有必要且重复乏味，但这毕竟是他们自己的规矩，有点像每次都问"你最近好吗"，而每次听到的回答都是"很好啊，谢谢关心"，只不过这里的套路是点餐而已。

后来有一天，他进了这家餐厅，点了和往常一样的卷饼，突然想到身上的零钱不多，给不了足额的小费。他把衣兜裤兜都翻了个遍，还是凑不够零钱，只好转头问柜台后面的收银员："我可以换一美元零钱吗？"

他问了这句话后，收银员的反应吓了他一大跳。她目光呆滞，嘴巴张大，仿佛突然被催眠了一样。显然，这个收银员根本没听懂他刚才说的话。彼时我们这位朋友才意识到她只认真学了几个问题和答案的英语表达，除此之外一概听不懂。这位收银员（如第7章中的赛车手一样）拥有的不过是记住几个关键句子的能力，并不具备真正的语言才能。

有些人确实有才能，而有些人只是掌握了一套技能，可以按部就班地完成工作，但一旦情况不断变化且无法预测时，这套技能就派不上用场了。而一家企业的命运往往就在于如何应对各种变幻莫测的情况。

才能出于天然

著名的个人民意调查机构盖洛普公司投入了几十年的时间专门研究才能。该公司指出："才能就是自然而然重复出现的可以有效运用的思想、感觉或行为的模式。"才能不仅令人钦佩，而且与生俱来，可遇而不可求。一个从未见过钢琴的人可能比一辈子都在练钢琴的人具备更好的钢琴演奏才能。一个拥有慢肌并接受田径训练的人肯定比一个拥有快肌但大部分时间都不运动的人跑得更快，但是，如果那个不运动的人终于从懒散的生活中觉醒并开始运动训练，其实跑得比有慢肌的人更快！

揭穿"白板"的真相

大量证据表明，如果你的父母每次考试都能拿到高分，那么你很有可能也逢考必得高分。这不仅仅是一个智力问题。伦敦国王学院的研究人员发现，性格、自我效能乃至行为问题等影响绩效的其他一些关键特征也会受到基因遗传的影响。

基因有时会影响你的性情，你的性情又会影响你的才能。所谓的五大性格特征（有时表示为英语缩写"OCEAN"）指的是开放性、自觉性、外向性、亲和性和神经质。研究人员已经逐渐建立起这些特征与遗传基因之间的联系。这些特征虽然并非才能本身，但通常是构成具体才能的组成部分。

同理，对压力的反应以及对感官刺激的喜好都可能受到基因遗传的影响。最近，科学家发现有几个基因变体会影响一种称为神经肽 Y 的分子的表达，而这种分子会激活体重控制和情绪反应等多种功能。不同的人体内的神经肽 Y 含量不同，所以抗压能力也有强有弱。此外，多巴胺 D4 受体的变体会使人热衷于追求新鲜感，甚至可能使人更容易对毒品上瘾，不过关于这些影响的范围和程度仍然存在很大的争议。

这些研究成果给人的主要启示是：英国哲学家约翰·洛克于 17 世纪提出的古怪的"白板"概念已经过时了。这些以现代科学为基础的研究告诉我们，每个人的禀赋各不相同，因此看待别人的时候要考虑他们的天然能力。虽然这么直截了当地抛出人们生而不同的结论会让很多人产生威胁反应，但是我们觉得开诚布公地探讨人类的固有差异其实对所有人都有好处。我们认为，探讨人类的固有差异可以让世界变得更加美好，因为如果每个人都能在一个可以发挥自己长处且包容个人需求的环境中工作，大家获得成功的概率就会更大，成功的过程也会更轻松、更有趣。

诚然，你的基因并不一定会决定你的命运，但如果你在某个方面没有“天赋”，事情就会比较麻烦。举个例子，你的基因构造并不能决定你的数学一定学得不好。通过耐心的学习和认真的练习，你仍然可以掌握最基本的数学能力。但你如果为了继续提高自己的数学能力而勉为其难地付出额外的努力，结果可能得不偿失，尤其是你在其他领域更有天分且更乐在其中的时候，更是不值得在数学上浪费过多的精力。

表观遗传学：是什么东西激活了你的基因？

炸弹如果还没点燃引线，其实并不危险。同样，生日蛋糕如果没有点上蜡烛，也并不喜庆。同没有引爆的炸弹或没有点蜡烛的生日蛋糕一样，我们的基因并不是在出生的时候就会全部自动激活。有些基因还处于休眠状态，等待激活。有一个称为表观遗传学的科学领域十分奇妙，这门学科揭示了饮食、压力以及父母的疼爱等外部因素都会影响你的遗传密码。表观基因组是确定哪些基因暂时休眠而哪些基因得到激活的基因组。

才能不会改变

很多人都十分熟悉神学家雷茵霍尔德·尼布尔的《宁静祷告文》：

上帝啊，请赐我宁静，去接受我不能改变的一切；赐我勇气，去改变我所能改变的一切；并赐我智慧，去分辨两者的不同。

你的员工在有些方面是可以改变的，而有些方面则无法改变。

说来也巧，这篇祈祷文的精髓要义对领导者而言也至关重要：你的员工在有些方面是可以改变的，而有些方面则无法改变。你要认识到这两者之间的区别。从本质上而言，才能就是区分可以改变的方面和不可改变的方面的关键所在。技能就像肌肉一样，可能随着时间推移逐渐增强或萎缩，但是才能恒久不变。有了才能，某些技能就可以得到培养和精进。但遗憾的是，如果没有才能，技能也就如无本之木，无从谈起了。

才能与特长

即便你有幸天生就拥有特殊的才能，但无论你的才能多么出类拔萃，仅有才能并不能保证你一定就会成功。才能是一种天生的能力，可以栽培，也可能荒废；而特长是通过习得技能和积累知识得到充分利用的才能。

技能是可以通过培训和实践学会的基本能力，受具体的情况影响。例如，学习操作某些类型的机械就是一种技能，从使用收银机到驾驶汽车的各种技能均在此列。没有人天生就有驾驶汽车的能力，这种技能必须通过学习才能获得。同样，许多读者估计还记得第一次学习使用电脑鼠标以及笔记本电脑触摸板的尴尬经历。有些技能也许比较直观，因此更容易习得，但实际上依旧还只是技能而已。

如果说技能是你的工具，那么知识就是工具箱，是你积累的专业智慧库，你的经验宝库。知识来自于你记住的技能和保留的信息，通常有赖于你在不同情况下调用信息的能力。如果你原来学会开的是大众汽车，现在突然要你开一辆宝马汽车，通常不用从头开始学驾驶就可以轻松上手。学会驾驶第一款车是一种技能，而之后再驾驶其他汽车主要依赖你的驾驶知识，还有练习。

熟能生巧是真的吗

瑞典心理学家安德斯·艾瑞克森 1993 年做的一项研究提出了所谓的 1 万小时法则，这条法则因马尔科姆·格拉德维尔于 2008 年出版的《异类》一书而广为人知，其基本理念是：无论做什么事情，只要你付出 1 万小时去练习，最终都可以取得成功。

这个理念听起来很动人，但动人归动人，这种说法并不正确。虽然通过练习你可以在一定程度上掌握某项技能，但遗憾的是，学习不同的技能时，练习的作用也大不相同。普林斯顿大学心理学家布鲁克·麦克纳马拉（现就职于凯斯西储大学）2014 年主持开展的一项元分析得出结论：“刻意练习确实重要，但并没有大家之前所说的那么重要。”

这个结论究竟是什么意思呢？麦克纳马拉和他的同事发现，总体而言，练习对绩效的影响只有 12%。练习作用最大的领域是象棋之类的游戏，影响为 26%；在音乐领域的作用为 21%，运动领域则为 18%。令人汗颜的是，练习作用最小的领域是职场，还不到 1%。

勤能补拙，但不能弥补一切不足。你唯有具备了某方面的天分，才能相信自己只要花费大量时间去练习便可以最终在这方面达到精通水平。因此，开展培训的最佳策略是帮助原本就有才能的人继续精进。

开展培训的最佳策略是帮助原本就有才能的人继续精进。

如果一家企业的用人之道是发现员工不合格的方面并设法弥补这些不足，往往就会误认为可以通过培训帮助落后的员工赶上其他人。遗憾的是，你只能发挥并提升员工原有的才能，但没有办法无中生有。你不可能给青蛙一个吻，然后就指望这只青蛙神奇地变成一个王子。

你不可能给青蛙一个吻，然后就指望这只青蛙神奇地变成一个王子。

从务实的角度来看，这意味着如果你试图在一个原本没有才能的人身上培养出才能，多数都是在浪费时间和金钱，最终双方都会因此备感挫败和沮丧，也可能拖累周围的人。事实上，如果你想让团队成员筋疲力尽且焦躁厌烦，最稳妥的方法就是安排他们做自己不擅长或不喜欢的事情。（顺便说一句，你经常会发现精力与兴趣总是共荣共损。对于同一件事情，如果我们擅长于此，做起来就会乐在其中且精力充沛；如果不擅长，就会感觉恐惧或厌恶。这两种情形很少会颠倒过来。）

我们在自己最擅长的领域往往学习最有效，进步也最大。这一点心理学家几十年前就发现了。60 多年前，内布拉斯加大学的一项重在提高阅读速度的研究得出了一些令人震惊、违背常理的结果。阅读速度提高最多的是原本阅读就很快的学生。实际上，原本阅读能力较强的学生与原本阅读能力较弱的学生相比，前者通过练习之后收获更大。

原本就具备才能的人通过练习获得的进步比没有才能的人更大。你在自己的薄弱领域勉为其难地努力学习往往最无效，进步也最小；而在原本就擅长的领域继续努力，往往进步更大，因为这样阻力最小。对我们大多数人来说，这说明了锦上添花、精益求精的付出更加值得。

当然，这并不意味着有才能的人每天上班都乐趣无穷、轻松愉快。我们时不时都会被迫做一些自己不喜欢的事情。比如说，很少有人会对缴税、换尿布、高峰期出行或出门丢垃圾之类的事情充满期待。然而，虽然这些事情麻烦而琐碎，但占用的时间并不算长，大多数时间我们做的都是自己喜欢的事情，并享受做这些事情带来的乐趣。如果你不喜欢自己做的事情，那么你可能找错了工作，或者至少职位不对。如果你是领导者，可以想办法把员工安排到可以充分发挥自己才能的职位和环境，而不是置其于毫无用武之地的境况。如果你无法改善他们现有的条件，那么就将他们调到更适合发挥自己专长的环境中吧。

留住顶尖人才

曾经担任过企业高管和美国国防部部长的罗伯特·麦克纳马拉说过：“人才做事也看心情，只喜欢去受人赏识的地方。”如果你组建了一个专家团队，切记一点：倘若想让大家心情愉快、工作高效、积极主动，重中之重是要赏识他们。要做到这一点，你可以创造一个有利于人才发挥专长的环境，并提供有意义的激励。

创造一个有利于人才发挥专长的环境

如果一个工作环境既能让团队的各个成员凝聚成一个集体，又能容纳大家的个性差异，使得每个人在团队里都有自己独特的地位和价值，那么这个工作环境就具备了保证大家情绪波动时能够自我恢复与调节（见第 2 章）的防护因素，也具备了有利于大家各显神通、开拓创新的多样性（见第 7 章）。这里所谓的“环境”不是简单地指墙壁、书桌等普通办公室包含的设施，而是工作场所的整体气氛。鉴于运动和饮食可以有效地缓解压力（见第 2 章）和促进学习（见第 6 章），企业要营造一种员工可以自如地运动和饮食的工作气氛。

未来的企业将会认识到饮食之于成功就像充分的通风之于新式设备一样重要。他们会为会议准备健康的食物，设置方便取食的厨房，使员工能够满足工作期间的营养需求，还会在公司之外的场地举行会议，并提供和会议讨论一样有益而丰富的膳食。

企业也可以通过调整工作环境来鼓励员工从事体育锻炼。例如，公司可以设置一间安全可靠的淋浴更衣室，这样便可以让住在附近的员工选择骑自行车上班而不是开车或乘坐公共汽车，同时还可以向全体员工灌输健康的生活理念。世界最大的在线酒店搜索网站优栈网公司就十分重视健康和锻炼，并将之视为公司文化不可或缺的一部分。优栈网的联合创始人兼常务董事马尔特·西威特表示：“高尔夫、拳击、瑜伽、羽毛球……我们这里的运动设施应有尽有。我们的人力资源部有一支庞大的团队专门关注公司员工上班期间和业余时间的健康。”

如果公司的工作环境有利于员工发挥所长，员工就会主动想来上班。而有了恰当的激励，员工就会想一直在公司中工作下去。

提供有意义的奖赏和激励

100 多年前，量子力学的发现彻底改写了物理学规律，但我们大多数人终其一生都没有受到这场物理学革命的影响。陈旧过时的思维方式仍然在许多方面发挥着作用,除非碰到了确实无法奏效的问题。如果没有量子物理学,CD 播放器、激光手术、商店的扫描器以及脑科学家不可或缺的工具——功能性磁共振成像机器等现代社会常见的技术与设施都不可能出现。

虽然无法与物理学革命同日而语，但商业领域也发生过一场类似的革命。如今,“催人奋进的主要动力是金钱”这种思想已经基本上为大众所摒弃。然而，许多公司仍然秉持着这个过时的观念，常常借助金钱来激励员工。

金钱真的有那么重要吗

如果在街上碰到路人向你问路，你通常会收多少钱？如果你带了一碟新鲜出炉的饼干到办公室，你要同事用现金或信用卡付款给你吗？哦，顺便说一句，你出门丢垃圾或给家人做饭的费用是多少？

“经济人”这个概念表明人类的行为主要都是为了满足自身的利益。如果你对人类的大多数行为进行一番粗略的检点，就会发现即便在当今社会仍然有很多例子证明人类的行为主要是为了利己。不过，过去的 25 年里研究人员掌握了大量的数据，令人不禁开始质疑：我们真的像以前一样凡事只求利己吗？

在进行投资股票市场之类的“无人情味的交流”时，大多数人的行为都符合“经济人”模式。但在进行心理学家和经济学家所谓的“有人情味的交流”时，你要与认识的人（如下属员工）直接互动，情况则完全不同。举个例子，你去餐厅吃饭的时候，虽然估计以后永远都不会再见到服务员了，但你仍然会给他一笔小费，就是这个道理。

人们之所以对“经济人”这个概念不加批判地全盘接受是因为对进化生物学有所误读。严格来说，其实我们并不自私，只是我们的基因自私而已。要确保我们宝贵的基因可以代代相传下去，最有效的手段通常不是自私和竞争，而是利他和合作。归根结底，人类是一个社会性物种。这可不是一个故作姿态、自我陶醉的朴素理念，而是一个有着大量科学数据支持的符合脑科学原理的观点。

重新解读“激励”

这个观点对职场上如何激励员工有什么启示呢？别担心，在大多数情况下，金钱依旧是普遍公认的衡量价值和触发奖赏反应的标准手段，但是金钱绝对有其局限性。金钱激励可能会出现收益递减效应，有时甚至可能产生负面影响，很多时候也可能不如其他非金钱奖励有效。

虽然你选择的激励措施可以有很多形式，难以一概而论，不过一般来说你需要牢记以下两条主要原则。

1. **意料之外的奖赏通常效果更加显著。**大多数激励制度的基本理念都是意料之中的回报，如季度分红、目标管理年终奖金或顺利完成一个项目的奖金等。遗憾的是，这些激励都在意料之中，所以可能会削弱奖赏的效果。真正能刺激我们大脑的是新奇感，因此意料之中的奖赏带来的惊喜感不如意料之外的奖赏强烈。事实上，科学家利用一种称为深层脑刺激的技术证明了他们在其他动物身上研究了几十年的现象在人类中也同样存在：意外的奖赏会让我们感觉非常开心。意外奖赏会触动我们大脑中的奖赏中心，导致多巴胺神经元集群大幅地提高其激活率。

2. **个别激励会对整个团队产生影响。**不要错误地以为个别激励只是你和接受奖赏的人之间的事情。奖品或奖金（尤其是出乎意料的奖品或奖金）可能会触发受表彰者的奖赏反应，同时也会触发其他同事的威胁反应。如果大家感觉这次奖赏是公平的（见第 8 章），那么可能每个人都会觉得可喜可贺，或者起码很少有人会有异议。但是，如果大家觉得你奖赏员工的过程不合理、不均衡、不公正，那么你的奖赏会令这些认为你有失公允的员工产生强烈的抵制，最终奖赏之举反而弊大于利。

在大多数情况下，这两条原则可以作为提供奖赏的基本指导方针。此外，认知神经科学和行为经济学两个领域相互结合，得出了关于如何制定激励措施的其他许多有悖常理的结论。

奖金太少可能比根本没有奖金更糟糕

如果你针对原本是分内工作的行为（例如准时上班）设立了一项微不足道的奖金，这种激励往往会适得其反。长期迟到的人可能因此会想：拿不到这笔微小的奖金并不可惜，不如继续迟到来得舒服。他可能会把准时上班当作可以自行选择做与不做的、略微超出期望的行为。

无独有偶，微小的惩罚也和微小的奖赏一样没有效果。有一家日托中心每天都得给很迟才来接孩子的家长留门，不胜其烦之下，特意规定正式关门时间之后才来接孩子的家长必须支付一笔罚款，希望这样会让家长们接孩子更加准时一些。然而，罚款规定的实施效果适得其反，迟到的家长反而增加了！显然，家长们觉得迟点接孩子方便，多付些钱也值得。家长原本应该体谅日托中心的员工也想准时下班回家而自觉地准时接孩子，结果罚款规定一出，准不准时变成了愿不愿交罚款的金钱问题。这样一来，迟到的家长觉得只要付了罚款，自己也就心安理得了。总之，当激励或惩罚过于微小的时候，可能会让事情变得更糟糕。

提高薪酬有时会降低工作绩效

如果你想降低某项工作或服务的薪酬，要说服公司掌管财务的同事估计不成问题。不过，在某些情况下，降低薪酬其实反而可以提高工作绩效。如果某项工作的薪酬过高，员工可能会觉得这项工作的风险较高，于是备感压力，结果反而降低了工作绩效。导致这种情况的元凶是去甲肾上腺素，这种触发反击或逃避反应的神经递质如果适量释放，可以让人保持警觉，但如果过量释放，就会引起恐慌。虽然每个员工的阈值有所不同，但员工要是认为工作风险太高，原本催人奋进的挑战有时会变成令人却步的威胁。当然，对于有些极其喜欢追求刺激的人来说，永远也不会嫌风险太高。尽管如此，我们都是在面临的挑战稍稍超出所能但又不至于不堪重负时工作绩效才能达到峰值。

时有时无的奖赏比按期发放的奖赏更有效果

我们知道有一家中型家族公司的执行总裁会定期和他的团队出去吃午餐。虽然每顿午餐都由这位总裁来买单并不是什么大问题，但他只是偶尔才会买单。他不买单的时候就让整个团队一起分摊餐费。因为他请客并无定规、无法预料，所以每次他买单都让人感觉是意外的奖赏，而不像许多公司的公共厨房提供免费食物那样，因为天天都有，员工很快就视为理所当然。每逢他意外请客，员工总是喜出望外，而这位总裁也很开心，因为他偶尔的慷慨让大家的心情变得更好，同时从长远来看也省了钱，可谓皆大欢喜！这便是意外奖赏效果奇佳的范例。

个性化激励可以降低成本并提高效果

对于你我这样的普罗大众而言，奖金当然是多多益善，但是要触发奖赏反应，个性化的激励其实更加有效。毕竟，金钱只是一种普遍通用的交换手段。一份丰厚的奖金并没有个性化激励隐含的那种“唯你专有”的独特意味；而奖励某个员工带上伴侣去心仪的地方过一个周末短假，或者奖励他两张热门戏剧门票或业已售罄的体育赛事门票，这样花费的金钱可能没有普通的奖金多，但效果可能好得多。此外，康奈尔大学和科罗拉多大学博尔德分校的研究人员发现，人们从亲身体验中获得的回味乐趣要多于从物质奖励中获得的乐趣。换句话说，适当的体验型激励（如优栈网之类的公司提供的各种运动机会）可能花费的金钱更少，但对员工的工作绩效产生的积极激励效果会持续更长时间。

即便是一束花或一本精心挑选的书这样的小物品产生的效果也可能比现金奖励的效果更加持久。如果你给员工的激励是根据其个性专门定制的，这种激励会传递出一个非常强烈的信号：你一直都在关注他，你很关心他。这种关心的价值又如何能用金钱来衡量呢？很多时候，个性化激励的效果可能是无价的。

员工更喜欢比较相对值而不是计算绝对值

一个人工作的薪资多少固然重要，但通常更重要的是自己挣的钱与同级同事或其他公司的同行相比是多还是少。一项研究发现，受访者宁愿自己每年赚 5 万美元而同事每年赚 2. 5 万美元，也不愿自己每年赚 10 万美元而同事赚 25 万美元。这实质上是一个关乎公平的问题。正如我们在第 8 章中所探讨的，如果一个员工觉得受到了公平对待，就会触发奖赏反应，而如果他觉得受到了不公平待遇，就会产生比之更强烈的威胁反应。这也是一个关乎地位的问题。金钱可能未必在任何时候都是最有效的激励方式，但绝对是我们衡量价值的一个重要手段。如果一个员工觉得自己拿的薪酬比同事少了，他就难免会觉得自己的工作没有受到同等的重视。无论他的感觉是否合理，都会产生一定程度的社会性疼痛。这与生理性疼痛一样痛苦，有时也许更甚。

实现集体最佳工作绩效

名人堂篮球运动员比尔·拉塞尔谈起自己在球场上与波士顿凯尔特人队的队友打球时偶尔会产生的“奇妙”感觉时这样描述道：“我感觉好像我们正在用慢动作打球。”拉塞尔在球队效力期间一直觉得不方便谈论这种感觉，于是一直等到自己退役后才敞开心扉畅谈那些奇妙时刻，用他自己的话说就是“发生了各种稀奇古怪的事情”。

他在自传《重振雄风》里写道：“这时我几乎可以感觉到下一场球会如何打，下一个球会从哪里投进。”

他的预感通常都是正确的，而且虽然他已经是篮球史上最伟大的球员之一，但他依旧感觉到自己的球技上升到了一个更高的层次。虽然这个时刻他经常把自己的体能发挥到极限的水平，但从未感觉到痛苦。

拉塞尔的这种体验非常神奇，因为这并非只有他自己才有。他产生“奇妙”感觉的时候，他的队友多数也有完全一样的感觉。有一次，比赛结束的哨声响起之后，这支得胜的球队走出球场，大家互相说道：“我们得想想下次怎样才能像这次一样赢球！”

同他人一起进入心流状态，感觉会更好

比尔·拉塞尔的故事告诉我们，实现个人最佳绩效的心流可以扩展到整个团队。最初创造“心流”这个术语来描述最佳绩效体验的心理学家米哈里·希斯赞特米哈里（见第3章）将自己的研究从个人拓展到团队，结果有了一些出人意料的发现。心流现象绝对不仅限于篮球场，而是在许多不同的场合都存在。

尽管心流与运动和娱乐的关系较为紧密，但实际上在工作场所出现的概率比在休闲时间要高出 3 倍。共同施行高难度手术的外科医生团队把集体进入心流的感觉比作一群人在表演芭蕾舞。其他的工作团队则表示进入心流时感觉自己成了一个有机体的一部分。不难理解，心流经常在初创公司里发挥着关键作用，因为一切刚刚起步，整个团队通常要在极大的时间压力下同心协力实现一个明确的目标。

心流总是让人感觉很好，而集体心流让人感觉更好。研究证据表明，当一个团队共同经历心流时，心流的感觉比每个成员单独体验时更令人满足。圣博纳旺大学心理学家查尔斯·沃克认为，参与某项活动的人越多，参与者体验心流时的愉悦感就越强。正是这种与他人共同体验的集体感增强了心流的满足感。

想一想你和其他团队成员是否能够在任何需要的时候集体进入最佳工作绩效状态。曾经师从希斯赞特米哈里的创意专家基思·索耶博士在他的《天才团队》一书中提出了可以催化他所谓的团队心流的 10 个条件。根据我们的经验，有 4 个主要因素可以促进集体心流：专注、灵活性、协作和成本。

专注：为了进入心流状态而集中精力实现一个具有挑战性的目标

集体心流不可能出现在一个注意力涣散的环境之中，因此专注必不可少。一个团队达到集体心流状态所需要的专注包含 3 个因素：明确的目标、完全集中的注意力和密切的聆听。离目标越来越接近或者完成目标实现过程中的某个具体的步骤都会触发多巴胺的分泌，而多巴胺这种神经递质不但代表着对奖赏的预期，更重要的是可以驱动人不断进取。如果目标难度适中，团队成员的体内就会分泌去甲肾上腺素，确保整个团队都保持机警。再者，如果目标清晰明确，大家就更容易确定哪些是与手头上的任务相关的刺激，从而保持专注。这时候发挥作用的是另一种神经递质乙酰胆碱。总而言之，有策略地让大家专注于一个能触动情感的目标可以促进最佳绩效三要素（见第 1 章和第 3 章）的出现，并提高出现集体心流的可能性。

心中有了明确的目标，注意力就更容易集中。为了在集体心流状态下最为有效地集中注意力，你应该专注于手头上的任务，而非念念不忘最初促成这项集体活动的外部奖赏或外界压力。对心流而言，挑战必不可少。当然，激发集体心流所需的完全专注的挑战应该是任务本身就具备的，而不是将你的注意力从原本应该关注的领域引到别处的事物。如果一个团队可以将眼前的工作同其他的一切事务划清界限，就更有可能出现集体心流。无论这个界限是物理界限、时间界限还是象征性的界限，只有在完全专注的界限庇护之下，才有可能出现最有成效的心流现象。

集体心流所需的专注条件还有最后一个组成部分，那便是密切的聆听。为了长时间保持集体心流状态，团队的各个成员必须对自己的行为了然于胸，同时对其他成员的贡献也要心中有数。这种高度的自觉在团队环境中复杂得多：每个人都必须对自己的行为和思想进行不断的调整，以便与其他成员保持步调一致。爵士乐音乐家对此深有体会，即兴创作戏剧的演员也精于此道。这些人表演时并没有事先计划或构思好要怎么演奏或措辞，每次都是临场发挥。每个人都要根据自己听到的音乐或话语实时做出反应。大家不仅需要保持专注，而且必须随机应变，而灵活性正是促进集体心流的第二个关键条件。

灵活性：就心流而言，说“对”要胜过说“不对”

专注对集体心流而言至关重要，但过度的专注也会阻碍心流状态的产生。集体心流有赖于诸多因素之间的微妙平衡，专注只是其中的一个因素而已。除了专注，每个人还要考虑他人的想法，而不是一律否定别人的意见，还要为了追求团队认同而收敛坚持自我的本能。

为了说明集体心流和灵活性的主要模式，我们还要以即兴表演为例。即兴表演的一条基本规则被称作“对，而且……”。经验丰富的即兴表演者几乎从来不会说不对。他们通常都不会反转或摒弃之前的信息，而是在此基础上进一步拓展。说“不对”势必会激活杏仁核，触发

> **老说“不对”，就不可能出现心流状态。**

威胁反应。总之，老说“不对”就不可能出现心流状态。说“对”显然更加可取，而且通常会触发奖赏反应，不过尽管“对”含有肯定的意味，但通常会使刚刚取得的些许进展戛然而止。如果你想推动事情向前发展，“对”之后还要添上“而且”的内容加以拓展。女作家、喜剧演员蒂娜·菲的职业生涯始于即兴戏剧表演，她在自传《管家婆》中记叙了如下难忘的事情：

如果在一个场景开始的时候我说“真不敢相信这里这么热”，而你简单地回答说“对啊……”，我们的表演就有点难以为继了。但是如果我说“真不敢相信这里这么热”，而你说“你以为呢？我们这可是在地狱啊”……再如我说的“真不敢相信这里这么热”，而你说“我早就跟你说过我们不应该爬到这只狗的嘴里啊”，这样我们的表演就可以继续下去了。

灵活性也意味着学习收敛自我。我们每个人可能都想争取整个团队的掌控权，把握大家努力的方向。这就是为什么团队里崭露头角的新人和德高望重的老人经常无法愉快合作的原因所在。新人可能想建立自己的声誉，而老人则想保护自己的声誉，但集体心流的状态需要大家保持同步，思想一致，行动合拍。这里的关键就是要把你的自我与其他团队成员的自我融合成一个整体，通过深度聆听来平衡你的诉求与其他人的诉求，而不是想方设法以一己之见强压其他人的观点。

滚石乐队的队长是谁？许多人可能会说是米克·贾格尔，但对于那些密切关注这个乐队发展的人来说，这个问题的答案没这么简单。吉他手基斯·理查德兹写出了摇滚乐史上最伟大的几首作品，这一成就无人能够超越。而就全能乐手而言，很多人认为另一位吉他手罗恩·伍德更加出色。可是乐队成员自己又经常说鼓手查理·沃特是让乐队团结一心的关键纽带。理查德兹则曾经睿智地说，“我不在乎谁是队长，只要对乐队最有利，谁当都行。”一群有着强烈自我的人却明智地知道适当收敛自我的好处，滚石乐队堪称绝佳表率。

协作：为什么“团队”里没有“我”

如果团队里的每个人都能适当收敛自我，那么协作这个集体心流的第三个关键条件就有了坚实的基础。配合默契的团队更有可能经历集体心流，这个理念过于浅显，反而经常遭到忽视。如果团队成员对各自的工作流程和方法都略有了解，但又不至于熟悉到自以为是，同时每个人对工作的投入程度都旗鼓相当，加之彼此的沟通也顺畅有效，这时候整个团队就能达到最佳协作水平。

如果这世上有一条十拿九稳的成功之道，谁不想知道呢？西北大学社会学家布莱恩·乌齐为了揭开成功的秘诀别出心裁地选取了音乐剧为题材，仔细研究了有史以来最成功和最失败的音乐剧背后的团队。百老汇票房最火爆和最惨淡的音乐剧之间究竟有什么区别呢？

答案与我们许多人一直以来的猜测不谋而合：成功的决定因素是你认识什么人。不过，这条古老格言的真正含义与我们之前的揣度未必一样。事实证明，与人熟识是一把双刃剑。

乌齐提出了一种五分制的衡量方法，并称之为Q，用于衡量百老汇剧团成员之间关系的数量和性质。如果一个团队里的每个人都曾经相互合作过，那么这个团队的Q值就比较高。如果这个团队的成员彼此完全陌生，则Q值较低。乌齐与搭档贾勒特·斯皮罗发现，通过音乐剧演员之间的关系预测音乐剧的成败，结果非常准确。如果音乐剧团队的Q值为1.7或更低，那么这场音乐剧就有可能失败。不过，如果Q值太高，超过3.2，音乐剧也很可能效果平平，大概因为团队成员之间过于熟稔，缺乏我们在第7章中强调的思维方式的多样性，因此表演缺乏新意。

如果乌齐和斯皮罗的发现不能运用到百老汇之外的领域，那么所有这些见解都不过是奇闻异事、聊为谈资而已。百老汇音乐剧的时间压力大，每个演员都个性十足，而作品又需要不断推陈出新，这与一般的商业环境十分相似。一般而言，无论是演员还是商界人士，最成功、最有创意的协作关系都是大家彼此有几分熟悉，又不会过于熟悉。长期一起共事的团队如果没有注入“新鲜血液”，往往会陷入陈规旧套。网络人类学家斯托·博伊德认为：“长期处于同一个团队中的人之间必须有一种张力、一种震颤或者一种绝对的分歧（有的成员看待事情的视角和背景要与其他人完全不同），还要引入一个以上的局外人。”另一方面，如果一个团队的成员全部是互不相识的陌生人，大家对各自的工作方式没有心照不宣的了解，可能会因此耗费精力和失去动力。这样的团队在讨论工作的时候，每个人都要对自己提出的每个想法进行详细说明，对自己采取的每种方法进行深入讲解，大家的创造力就会大大削弱。

有一位客户请我们帮忙提高公司会议的成效，这位客户最关注的问题就是协作。随着时间的推移，他们的会议时间越来越长，决策却变得越来越低效。团队里许多人多年来一直都参加这次会议，工作内外都是好朋友。大家都意识到哪里肯定有问题。开会时多数人都很厌烦，但没有一个人愿意开口指出大家都心知肚明却没有勇气公开承认的问题。这些会议不仅耗尽了所有人的精力，还浪费了大半个早上。这样干耗着究竟有什么意义呢？

这些会议的形式大家应该都十分熟悉。这个团队会准备一套会议议程，开会时便按部就班地逐一讨论。遗憾的是，这套死板的会议议程正是扼杀效率的罪魁祸首。会议每提出一个议程，大家无论对这方面是否在行都可以发表一番自己的看法。而在很多时候，每个人确实都会发表一下自己的意见。许多团队成员说，不是因为他们有什么高见要表达，而是因为每个人都说一说自己的观点已经成为一种仪式，就像一个坏习惯一样情不自禁。因为大多数团队成员都是朋友，讨论起来通常都和和气气。然而，每个人都感觉到虽然大家表面上一团和气，暗地里却都深感无聊与不满，但是即便大家都这么觉得，却没有一个人愿意挑破这层纸，直到我们出现。

我们观摩了一场这个公司令人煎熬难耐的会议之后把公司的领导拉到一旁，建议他做出如下改变：会议每提出一个新的议程时，所有与这个问题没有直接关联的或对这个问题不在行的会议成员都把自己的椅子往后挪动几英尺。这样便只剩下坐得离会议桌近的专家继续讨论这个议题。当然，大家都还在会议室里，只是离会议桌的距离远近暗示着是否针对某个话题发表看法。一旦专家们就某个议题讨论完毕做出决定以后，便开始下一个议题，团队成员再根据内容是否与自己有关决定把椅子往前移还是往后挪。不过任何时候“外行人”都保有否决权，除了特殊情况，他们一般都会让专家们先讨论细节，讨论完毕以后再介入做主要决策。

这个公司的团队迅速轻松地采用了新的会议程序，结果立竿见影。会议的时间大幅削减，大家都重新燃起了参加会议的热情。经过一系列的前后对比，我们最终将议题讨论的时间平均缩短了 28%，将会议的满意度从五分制评分标准的 3.6 分提高到了 4.7 分，而这一切都归功于上述简单的改变。对于这个公司的会议而言，我们的出现似乎为会议注入了急需的“新鲜血液”。现在所有的团队成员都对会议满怀期待，而不是闻之色变。

滚石乐队的米克·贾格尔似乎天生就知道集体心流需要团队成员之间平分秋色、各擅胜场。他在 1995 年接受传奇摇滚记者简·温纳采访时说道：“你得明白乐队中的每个人都是集体的一分子，每个人都有自己的位置，有的在这个方面出色，有的在那个方面擅长。”有此洞见，难能可贵，无怪乎这个团队能如此长久。

集体心流一般不以某个成员为尊，而且在各个人都势均力敌时最有可能发生。这意味着一个团队的成员虽然各自拥有的技能可能迥然相异，但其技能水平应该旗鼓相当。不管一个职业运动员水平多高，如果他的队友都是业余运动员，他也不可能经历集体心流。团队成员还必须享有平等的权威。管理者可以参与集体心流，但只能与大家平起平坐，不能高高在上、颐指气使。

集体心流需要团队成员平等参与，这一点自然而然引出了协作的另一个重要方面——沟通。这个词原本源自拉丁语“sharing”（意为“共享”）。为了实现集体心流，团队需要不断沟通。固然有的沟通是在定期安排的会议期间进行的，但大部分沟通都是在办公楼走廊上的随意谈话、电子邮件交流和电话聊天中自发进行的。为了使沟通成功有效，双方应该本着配合、坦率的态度进行沟通。

让－皮埃罗·彼得里利埃里是位于法国枫丹白露的欧洲工商管理学院的组织行为学副教授和精神病学家，他认为可能将有效沟通和集体心流扼杀于无形之中的罪魁祸首是“冷酷的客套”。冷酷的客套指的是团队里的人宁愿自咬舌头保持缄默也不愿公开表达自己的异议或疑虑。如此一来，问题得不到解决，决策也无法实现，因为认知抑制（见第 2 章）需要耗费大量的脑力，抢夺了大脑原本用于理性分析的资源。同时，不信任的暗流触发了威胁反应，消耗了人的精力，削弱了成功协作的可能性。保持沉默不过是一个简单的举动，我们却因此不但失去了表达自己思想的能力，也失去了与他人建立良好关系的能力。

冷酷的客套还有另外一个问题，就是这种暗潮涌动不会自行消退，而是会像脓包一样慢慢溃烂。一时的忍气吞声并不能让你因此有更多的时间来培养勇气和决心。相反，强行克制负面情绪更有可能使这种耗人心智的客套成为企业文化当中难以铲除的顽疾。厌于坦诚心声成了一条久踩成径的神经元通路，犹豫成了一种习惯。久而久之，你不是有意识地缄口不言，而是不假思索地保持沉默。你的职位升得越高，冷酷的客套就变得越平常。事实上，企业总裁通常不幸地要面临很多人的这种出于善意的虚伪。有一位总裁说道："如果你透过警车的挡风玻璃观察外面，会发现整个社区好像永远都一切太平。"如果领导者自己没有掌握观察天象的本事，可能会毫不知情地以为天气温暖而晴朗，而其实公司的气氛寒气侵骨。

要打破冷酷客套的恶性循环，唯一的办法就是鼓起勇气，勇敢地说出你的想法，并尊重其他同样诚实认真地直抒己见的同事。这样做的结果非但不会破坏大家的关系，反而会令大家的关系更加密切。而大家彼此坦诚相待会大大提高实现集体心流的概率。当然，勇气需要付出成本，集体心流又何尝不是？

成本：有风险时更有可能产生心流

你有没有试过打扑克牌时用火柴而不是钱来做赌注？如果用火柴下注，可能刚开始的一阵子会觉得好玩，但是因为火柴无关痛痒，多了或少了都不太要紧，最后大家会特别容易分心，下注鲁莽随便，于是逐渐对牌局的输赢都无所谓了。并不是说打牌就一定是为了赢钱，而是你愿意为有价值的东西冒一点风险。在其他时候，你的赌注可能是你的工作、你的声誉、你的自尊，甚至是你的性命。（正如 18 世纪英国作家萨缪尔·约翰逊所言："如果一个人知道他两个星期后就会被绞死，精神就会变得无比集中。"）

没有攸关紧要的利害关系，就不会发生集体心流。集体心流需要有一种明确的控制感，控制感会带来自主性，还要有一种切切实实的失败的可能性。团队里的每个人都应该怀着相同的想法：这是我们共同的决定，这个决定有风险，但我们愿意面对追求目标导致的任何后果。

虽然并肩作战对于团队的成功至关重要，但每个团队成员也应该同时感觉到自己决定着整个团队的命运。要让人人都感觉自己关系着团队的成败，关键就在于每个人都要觉得自己得到了管理层的授权，可以自主行事。大量研究都得出了相同的结论：团队自主性是团队绩效的一个关键预测因素，而没有自主性，再好的团队也会失去动力。罗切斯特大学心理学教授理查德·瑞恩认为："当团队成员感觉自己没有什么自主权时，能量消耗效应非常明显。"

一个团队里的成员如何才能感觉到自己掌握着团队的命运呢？这是集体心流的神奇悖论之一。关键就在于让所有的团队成员都感觉到自己从管理层那里获得了自主权，并且每个人都愿意为了团队的集体自主权放弃个人的自主权。

要让项目产生切实的成果，让会议发挥真正的作用，每个参与其中的人都必须成为利益共同体的一分子。我们曾经碰到一个很好的例子，可以说明如果没有足够的利害关系结果会怎样。

我们的一个客户是公司总裁，这位总裁碰到了一件让他寝食难安的烦心事。这家公司每周一早上都有一个例会，原本是统一大家思想和行动的机会，但逐渐演变成了优柔寡断、拖泥带水的泥沼。他特别惊慌地发现，自己信任的直接下属似乎越来越没有归属感了。

这个会议并不是挤挤挨挨的大集会，因为参加会议的只有总裁的 5 个直接下属而已，按理说应该简短高效才对。但说来惭愧，影响会议效果的正是原本为了改善会议效果所做的一项改变。这个改变是：以往只有 5 个下属来开会，现在每个人都可以带两名专家同事一同出席会议，以便介绍有用的细节和数据。

这项改变的初衷是：如果大家开会讨论议题时有专家的意见作为参考，那么每个人都可以从中获益，因为团队在探讨某个议题时不用再对具体的细节妄加揣测，而是可以立即向在场的专家讨教，从而确定某个提案是否切实可行。然而，这种做法理论上听起来很好，实践起来却糟糕透顶。

真实的情况是：5个下属分别带了两位精心挑选的专家出席会议后，便让这两位专家代表自己负责会议上的所有发言，自己则一言不发，乐得清闲。刚开始这样似乎也很好，毕竟尽管许多公司都崇尚员工能够平等参与、团结一致，但需要专业知识的决定还是由专家来做最好。

那么到底出了什么问题呢？

问题在于：既然有专家代表发言，下属出席会议就显得多余了。事实上，比多余更糟糕。专家不仅做了所有的工作（负责大多数的发言），下属们还借口一切事情均由专家代劳，因此自己不承担任何个人责任。如果专家提出了建议而结果没有成功，他们就可以把责任推给这些专家。如果一切顺利，大多数下属就毫不客气地把功劳归给了自己。

这个问题该怎么解决呢？有一种办法是星期一早上让下属留在自己的办公室，不必来开会，让他们各自精心挑选的两位专家自行参会即可。当然，即便你对商界不甚了解也会知道这个办法效果会非常好。几位下属害怕自己的工作被自己挑选的专家取而代之，就会激活威胁反应，接着借口说出于合理的考虑，自己绝对必须出席会议。

然而，最终的解决方法似乎与常理相悖：下属们不用再带专家来参会了。这位总裁重新规定会议只能由原来的5位下属参加。恢复原状之后，几位下属都重新获得了引进专家参会之后失去的东西——责任。

会议不仅变得更有效率，这种变化还提高了大家的信任感，增强了整个公司的凝聚力。这位总裁不再向与会专家确认会议议题的细节，由此表达了对下属观点的信任。当然，专家们仍然发挥着关键的作用，只不过转为幕后支持而已。他们不再参加每周的例会，而是提前与各自的上司碰头，向他们详细介绍具体的情况，以便他们参会时能够底气十足地讨论议题，清楚地表达自己的意见。这样的幕后支持增强了双方对彼此的信任：专家们必须相信他们的上司能够准确有效地传达他们的看法，而他们的上司也必须相信专家们会为他们提供稳妥可靠的建议。

如此一来，原本的问题变成了突破口。经历了这一番折腾，大家都变得更坚强、更自信了。整个公司的信任水平得到提高还不是唯一的好处，员工之间有效沟通重要想法的能力也得到了提高，地位感和责任感也增强了。

原本的问题变成了突破口。

而有了责任感，也就有了风险。毕竟如果你明确表示了是你在掌握大局，就很难把责任推到别人身上。你意识到要对自己的行为负责，这也增强了你的专注力，有了专注，也就有了心流。关于这一点，像迪恩·波特一样铤而走险、大胆无畏的攀岩者有切身体会（见第3章）。正是对心流体验的追求使他们不断迎接越来越危险的挑战。

当然，企业团队要实现集体心流，通常并不需要冒生命危险。不过，如果风险增大，出现集体心流的可能性也会随之增大。这就是经验丰富的演员常常要学会坦然接受怯场的感觉并利用这种紧张感引发心流体验的原因所在。同样，许多人在风险很大的时候往往能够从容应对，而放松警惕时却会犯下令人遗憾的错误，道理也在于此。

如果风险增大，出现集体心流的可能性也会随之增大。

可是，问题是大多数企业在经营业务时都会尽量减小风险，而且如果业务失败，责任人通常会受到惩罚。从某个层面上而言，尽量规避风险既是减少威胁反应的正常行为，也是商业逐利的现实使然。不过，创意专家基思·索耶提醒我们还有另一个现实，他在《天才团队》一书中写道："研究一次又一次地告诉我们，创新的孪生兄弟就是经常失败。"如果没有挥之不去的失败幽灵在时刻警醒着你，你获得成功所需的那种集体心流的机会就很可能消失不见。毫无疑问，出现集体心流需要付出成本。但对于那些体验过心流的好处（提高了工作绩效和满意度）的人来说，为此付出的成本绝对值得。

说来饶有意思，滚石乐队最成功的作品事实上也是他们最大的谎言。他们的歌曲《（我无法得到）满足感》或许反映了那个时代年轻人的焦虑，不过时间证明了在过去的50多年中，这个乐队作为世界上最著名、最高产的团队，除了获得巨大的财富和认可之外，无论是个人还是集体都实现了我们孜孜以求的东西——满足感。

第9章小结

团队需要人才。组建一支高绩效团队的要务是招纳和培养顶尖人才。领导者最重要的一个角色是发现真正人才的存在。发现人才要及时把握！

培养人才要有的放矢。不要对每个人都进行相同的培训，这样会使原本用于培养人才的宝贵时间和金钱都无法用到实处。对原本就有才能的人进行培训收效要大得多。如果员工努力提高自己原有的才能而不是费力对自己薄弱的方面查漏补缺，收获往往会更多。

创建一个利于员工发挥专长的工作场所。员工即便有一技之长，也依旧需要一个让他们愿意来上班且容易获得成功的工作环境。鉴于运动、饮食和睡眠是缓解压力的3个要素，要营造可以让员工自如地锻炼、饮食和休息的工作氛围。

提供有效的激励。有了利于发挥专长的工作场所，你的员工就会喜欢来上班，而有了恰当的激励，员工就会希望一直为公司效力。提供有效的激励时要牢记两条符合大脑科学原理的原则：公平感和新奇感。

个别奖赏会对整个团队产生影响。无论你喜欢与否，所有的奖赏都发生在社会环境之中。一个人得到的报酬不在于金钱的多少，而在于这个人感觉自己得到的报酬相对于其他同事而言是否公平。公平感会触发催产素的分泌，而催产素会促进协作。

每个人都喜欢惊喜。大脑对意外奖赏的反应比对原本就有所期待的激励更加强烈。这是多巴胺的作用使然，因为多巴胺是产生新奇感的神经递质，可以给人以动力。谨记这条原则，留出部分预算作为对员工的偶尔奖赏之用。这些意外奖赏的效果之好会让你惊讶不已。

集体心流是类固醇的驱动使然。产生个人最佳绩效的心流可以扩展到整个团队。一直从事集体心流研究的心理学家发现了一系列可以显著提高心流发生概率的条件。这 4 个因素分别是专注、灵活性、协作和成本。

专注。在一个注意力涣散的环境中不可能出现集体心流。一个团队达到集体心流状态所需要的专注包含 3 个要素：明确的目标、完全集中的注意力以及密切的聆听。

灵活性。过度的专注会阻碍心流状态的产生。不要一概否定他人的想法，而要认真听取他人的意见并学习借鉴，还要为了追求团队认同而收敛自己坚持己见的本能。

协作。配合默契的团队更有可能经历集体心流。如果团队成员对各自的工作流程和方法都略有了解，但又不至于熟悉到自以为是，同时每个人对工作的投入程度都旗鼓相当，加之彼此的沟通也顺畅有效，这时候整个团队就能达到最佳协作水平。

成本。除非有利害攸关的风险存在，否则不可能出现集体心流。切实有效的风险会触发去甲肾上腺素的分泌，增强每个人的专注力。无论是个人还是团队，高度的专注是出现令人满意的心流状态的关键前提。

结语
谨记用脑之道

当然，我们不可能人人都成为米克·贾格尔（有些人可能压根就不想成为贾格尔），也不是每个团队都可以像滚石乐队那样取得令人敬仰的成功。但是神经科学的最新发展成果为我们提供了前所未有的手段，使我们能以仅仅10年之前都未曾想过的方式实现我们的梦想和愿望。这本书的目的是把这些开创性的科学成果与实践相联系，使之变得富有意义、容易记忆，并且有实际使用价值。我们如今已经了解了达到个人最佳绩效的神经化学原理，明白了在我们的一生当中大脑的神经元通路可以根据需要不断建立或重新建立，还掌握了如何创建一支快乐而成功的团队的颠覆性思想。所有这些知识都有大量数据支持，让我们在工作和生活中均能收获成长，获得成功，真正成为智慧的领导者！

致谢

但凡著书立说，仅凭一己之力绝难完成，本书的写作也不例外。和许多出类拔萃的商务项目一样，这本书凝聚了众多专家和顾问的才学，是由一支“梦之队”倾力打造的精品。

我们的出版代理人杰弗里·赫尔曼对这本书的价值十分认可，并凭借出色的专业能力帮我们快速找到了鼎鼎有名的出版商，我们深表感谢。我们还要感谢兰登书屋出版集团旗下的塔彻尔-佩瑞吉出版社的团队，特别是我们的编辑玛丽安·莉齐。我们精心写就的这本书经过她的修饰之后更加臻于完美了。还要感谢热情干练的布里安娜·亚玛希塔，是她张罗了本书的推广事宜。

这本书缘起于我们之前给蒂森克虏伯公司的高管做的一次讲座。我们要感谢该公司的亚宁·施瓦陶博士和德特勒夫·洪斯德耶克博士，虽然我们把神经科学思想应用于领导力培训的想法在当时看来还显得有些怪异，但这两位博士独具远见地对这一研究思路表示了支持。感谢两位博士的信任，一切都源于你们的慧眼识珠！

此外，还要感谢参与这个创新研究项目的以下诸位：克斯廷·博科博士、约格·布列克博士、马丁·赫特、厄休拉·奇尔迪克森、乌维·金斯基博士、克劳斯·穆勒博士、弗兰克·林克和乌尔丽克·韦伯博士。这个项目对我们来说是一次脱胎换骨的体验，而你们的评论和热情也让我们明白你们很多人也有同感。

我们俩不仅是本书的合著者，还有幸共同跻身于另一个更大的团队——慕尼黑领导力集团。汉斯想向保罗·舒尔曼博士致以特别的感谢，他们两人于 2008 年共同创立了慕尼黑领导力集团。保罗·舒尔曼博士在本书撰写的各个阶段都提供了宝贵的建议与大力支持，是一个真正的朋友，一个出色的商业伙伴，一个善于学习的人生楷模。此外，还要感谢慕尼黑领导力集团的专家：马丁·斯布耶兹凭借其令人咋舌的各色才能和永无止境的学习欲望为本书做出了不可思议的贡献；迈克尔·克尼林有着非凡的耐心和毅力，一直给予我们忠实的支持，这些品质在情况艰难、时间紧张的时候显得更加难能可贵；还有约翰·巴尔教授，这么多年来他独具一格的智慧和不同凡响的领导力专业知识令我们获益匪浅。我们还要特别感谢斯蒂芬妮·雅格德贝尔和安雅·维恩尔，她们在编辑本书的各个阶段都付出了不遗余力的努力，使得各项事宜得以协调一致并如期完成。

我们衷心地对慕尼黑领导力集团在美国、欧洲和亚太地区的所有同仁表示感谢，你们为这本书里的神经科学思想提供了难以胜数的实例，同时每天都在为把商界打造成一个互相尊敬、倾力协作、推陈出新、激情澎湃的地方而付出辛勤的努力，与你们共事令我们深感愉快与荣幸。这些同事分别是玛格丽塔·阿基拉、西蒙·阿尔布雷特、乌尔里希·阿尔布雷特-弗鲁博士、莫妮卡·安布罗西尼、狄安娜·班克斯博士、马特·比德尔、玛蒂娜·博南斯蒂尔、克劳斯·达贝克、罗兰·费希特、托马斯·甘斯玛约、佩奇·格雷厄姆博士、马克·郭、尤根·海森瑙尔、加布尔·豪齐、戴维·胡约特博士、格林·琼斯、凯特·卡拉威特、塞尔达尔·拉尔、简·米勒、薇薇安·纳涅斯朗、苏珊娜·伦特尔、娜塔莉·诺森加特、玛格丽特·桑切斯、格奥尔·舒斯特尔、罗拉·舒旺、希瑟·托德、埃里克·瓦那提博士、薛菁、比郎·伊朗可库鲁和史蒂芬·杨。

这本书与传统的领导力书籍有所不同，因为这本书的见解都有坚实可靠的神经科学研究作为支撑。虽然我们两人都有心理学和神经心理学的专业背景，但还是经常向内行专家讨教，援引他们的专业知识来支持我们的论断。为此，我们要感谢罗格斯大学的海伦·费雪博士，她的开创性研究是我们写作本书第 7 章的灵感来源，她还十分热心地审阅了这一章的内容并提出了一些有用的意见。同样，加州大学圣塔芭芭拉分校的心理学和脑科学教授乔纳森·斯库勒博士也在与我们的多次会面中表达了深刻的科学见解，让我们深受启发。

当然，这本书并不仅限于探讨脑科学，也探讨了商业问题，因此我们为自己能够获得一些非常有远见的企业领导者的支持和建议而深感欣喜。拜耳公司的董事会成员利亚姆·康德一直在为创造一个公平公正、互惠互利的商界而努力。谷歌公司全球人才发展项目经理乌丽·海慈荷发的学习能力简直令人吃惊，她总能随时提出一些独特而精辟的见解，或者驳斥一些司空见惯的观点。德国汉莎航空公司首席执行官彼得·格伯利用自己渊博的知识和丰富的实践经验对本书的初稿提出了宝贵意见。安永会计师事务所的合伙人朱莉·泰格朗难得地对基于神经科学的领导力十分推崇，并且一直在为安永“创造一个更好的职场”这一目标而不懈努力着。蒂森克虏伯公司的通信部主管亚历山大·维尔克十分热衷于新鲜事物，有着无止境的好奇心，是一个值得学习的榜样。

我们还要感谢学术界众多积极进取的学者，他们一边在实验室中孜孜不倦地开展科学研究，一边在学校课堂里不厌其烦地传授科学知识。这些默默无闻的付出产生了振奋人心的涟漪效应，以星火燎原之势掀起了商界的浪潮。首先值得一提的是加州大学伯克利分校周氏创业与技术中心的常务董事肯·辛尔。肯是一个非常不简单的人物，他不仅拥有一颗永不知足的好奇心，熟悉各种创新理论和实践，而且别具匠心地将自己的理论与实践融会贯通，针对初创企业提出了别具一格的见解。肯在伯克利的同事亨利·切斯布罗夫教授长期以来一直强调创新是领导力发展最重要的课题之一，并对我们将神经科学原理应用于领导力发展的努力表示了热切的支持。杜克大学的丹·艾瑞里是行为经济学领域的权威，著作颇丰，他时常启发我们进行有趣的研究，同时在我们对图书出版事务偶感困惑的时候给予了适时的指引。

我们两个人想分别向各自的人生导师表达无上的尊重和感谢，他们提供的精彩实例和大力支持彻底改变了我们的人生道路与职业轨迹。汉斯想向业已故去的慕尼黑路德维希·马克西米利安大学的卢茨·冯·罗森斯蒂尔致敬，他的心理学理论知识无人能及，实践经验也无与伦比，是一位善于结交商界朋友的人生楷模。弗雷德里克则要感谢马克斯·普朗克大脑研究所的名誉主任沃尔夫·辛格博士，感谢他传授了丰富的知识，感谢他为她在神经科学领域创造了许多机会，也感谢他对她撰写本书给予了支持。

很多人都对这本书的撰写有所付出，无论贡献大小，他们都对本书的成书发挥了至关重要的作用。虽然如此，我们还是要对其中的一些人致以特别的谢意。德国国家级商业杂志《经济周刊》硅谷编辑部总编辑兼专栏作家马蒂亚·斯霍恩泽能敏锐地把握商界的发展趋势，很早便发现了将神经科学应用于领导力发展的巨大潜力。硅谷网络专家德克·康瑟能力超群，通过他的牵线搭桥，我们才得以结交许多商界和学术界的杰出人士。迪特马尔·哈霍夫博士是马克斯·普朗克创新与竞争研究所的所长，堪称地球上最聪明的人之一，他也为我们提供了宝贵的意见和建议。施乐公司帕洛阿尔托研究中心的创新服务部总监杰里米·克拉克每次总能在最紧迫的时候恰巧想出一个绝妙的新颖见解。《拼凑式创新》一书的作者纳维·拉乔乌是一个将自己推崇的理念付诸实践的人，他不断激励着我们思考时要更快速、更精简，更切中肯綮。牛津大学赛德商学院的安吉拉·亚当斯非常慷慨地分享了她在出版方面的智慧和经验，特别是在本书的定稿期间以及为本书寻找代理和出版商的时候总是不吝赐教，我们对此甚是感激。同样在赛德商学院任职的劳伦斯·威廉姆斯博士是一位愿意真心付出的同事和很有天分的教练，我们这一路走来一直都有他相伴左右。路德维希·马克西米利安大学创业中心的执行董事兼德勤数字化业务部执行董事安迪·戈德斯坦人脉极广，我们通过他结识了许许多多有趣的人。比利时戴维斯杯队前任教练科恩·戈尼森对如何将体育运动的成功之道运用于商界可谓了如指掌。我们有幸与科恩携手开展了许多高管领导力项目，还荣幸地与马尔科·科尔斯、斯得福·托马斯等万众瞩目的奥林匹克健将相聚一堂，交流心得。最后，下列人士也都值得一一提及：维多利亚·克雷默、安德鲁·莱特、彼得·豪高、塞巴斯蒂安·科尔贝格、露娜·杜波夫、霍斯特－乌维·格罗、克里斯托弗·戈贝尔、沃尔夫冈·扎勒霍夫、马科斯·克拉格、阿尼·威尔森、尤塔·尤利亚妮·迈耶、克劳斯·坡格曼、埃里克·施特鲁茨博士、格温多林·欧文斯和托尔斯腾·布拉施克。谢谢你们！

我们撰写、修改和编辑这本书的过程几经周折，有时非常艰苦，而罗斯·欧文斯在此期间给予的帮助显得至为珍贵。他总能迅速理解我们想要表达的思想，还经常将其表述得更加妥当得体，使这本书不仅符合科学原理，还包含了实用的建议，行文中更带有一丝幽默的意味。我们对此深表感激。

同样，弗里德里克也想向汉斯表达谢意：是汉斯萌生了写这本书的想法，并将多年从事领导力发展积累的心得无私地分享给我。感谢他在我们一起工作的时候总是让我开怀大笑。有你在身边，总是其乐无穷。

汉斯也要对弗里德里克表示感谢：与你一起工作总是很开心，合著这本书更是人生的一大快事！你既是神经科学专家，也是思维敏捷的思想家，更是有趣的同事，三者兼具一身，完美无缺。

弗里德里克最后的心里话：我要感谢朋友安娜·德拉·鲁、艾琳·古斯塔夫松、桑德拉·哈伯特、玛德琳·赫尔姆和巴尔贝·万德，你们的友谊无比珍贵。我还要深深地感谢我的父母玛丽安·冯·齐格弗里德博士和伯恩哈德·魏德曼博士，以及我的姐姐尤利亚妮·艾伯特博士和哥哥康拉德·魏德曼博士。你们的爱伴随着我成长，你们的言传身教激励着我不断进步，这些馈赠给了我无论前路如何艰难都勇敢无畏地追求梦想的力量和底气。此外，我最深切的感激要献给我心爱的丈夫约亨，谢谢你给予我的爱和支持，也感谢你凭借自己的领导经验对本书的手稿提出了非常精妙的意见。最后，我要感谢我们可爱的孩子贝妮塔、沃尔夫和海因里希。你们让我的生活充满了无穷无尽的幸福，对我来说你们就是一切。

汉斯最后的心里话：谨向我的妻子海因克致以最深切的爱意和感谢，感谢你不仅与我共享人生，让我的生活如此美好，还耐心地阅读本书并与我讨论其中的许多细节。你在当代艺术方面的智慧总是给我出其不意的灵感。我也要感谢我们可爱的孩子奥斯卡、安东和汤姆，他们是新生代的代表，将来或许可以找到睿智的成功之道，让这个世界变得更加美好。

作者简介

弗里德里克·法布里修斯是全球管理咨询公司慕尼黑领导力集团最重要的神经科学领导力专家，曾以高管培训师和领导力专家的身份与来自拜耳、奥迪、万宝龙、安永和蒂森克虏伯等跨国公司的高层管理人员一起共事过，有着深厚的专业经验。客户对她的研讨会和培训项目赞不绝口，经常用“非常实用”甚或“让人脱胎换骨”等语言来形容自己的感想。弗里德里克也是一个备受欢迎的主旨演讲人，出席过安永、奥迪等大型跨国公司举办的企业活动，面对大量听众发表过演讲。

弗里德里克是专业的神经心理学家，注重根据坚实的科研成果提出领导力发展的新方法和新做法。她还擅长设计利用大脑有效获取并记忆新信息的天然能力来学习的体系，并且身体力行，运用这些方法自学了6门语言，均达到了流利表达的水平。

弗里德里克的职业生涯始于马克斯·普朗克大脑研究所，她后来担任过麦肯锡公司的管理顾问，继而于2010年加入慕尼黑领导力集团，自此以后帮助了许多客户充分发挥潜力并在关键时刻达到最佳工作绩效。

汉斯·W.哈格曼博士是慕尼黑领导集团的执行合伙人和共同创始人，专门从事基于大脑科学原理的领导力发展研究。他是个人、团队和组织最佳工作绩效领域的顶尖专家。来自40多个国家的《财富》500强公司的高层管理人员和特别工作组都曾经寻求过他的教导。汉斯的客户包括安联全球投资者、拜耳、安永、远行在线旅游网、思爱普软件公司、西门子和蒂森克虏伯。

身为科班出身的心理学和经济学专家，汉斯敏锐地发现了神经科学在领导力和创新领域的巨大潜力。弗里德里克加入慕尼黑领导力集团之后，两人便开始将最新的研究结果与汉斯丰富的经验相互结合。汉斯与其团队将学术思想转化为实用的新工具和新技术，为众多公司的管理和创新提供了最为强大的动力。

汉斯在硅谷也有许多作为，先后与高科技公司和顶尖大学合作开发了数字时代的开创性企业管理新方法。他是“德国硅谷创新者”项目的创始人之一，这个项目的总部设在美国加利福尼亚州的帕洛阿尔托，致力于为所有企业的创新领导者提供第一手的硅谷企业管理经验。